APRÈS OBAMA, TRUMP ?

«Les maux de la tyrannie sont rarement perçus, sauf par ceux qui lui résistent ».
John Hay, Castilian Days, 1872

Pour Avi Davis

GUY MILLIÈRE

APRÈS OBAMA, TRUMP ?

La Maison d'Edition
Paris
www.lamaisondedition.com

La Maison d'Edition
PARIS

La Maison d'Edition
9 rue du Débarcadère - 75017 Paris
www.lamaisondedition.com

TABLE DES MATIÈRES

***

Vous souvenez-vous ? C'était il y aura bientôt huit ans. Le premier mardi de novembre 2008. Des gens par millions sur les cinq continents faisaient la fête. George Walker Bush, l'homme le plus détesté de la planète, allait enfin quitter la Maison Blanche.

Un nouveau Président des États-Unis venait d'être élu. Il était présenté comme le grand Rédempteur, le nouveau Messie. Des cierges avaient été fabriqués portant son effigie. Des hommes le regardaient la bouche bée, comme si chacun des mots qu'il prononçait était extrait d'une sorte de nouvel Evangile, des femmes s'évanouissaient sur son passage. Il avait promis qu'à l'heure où il prendrait ses fonctions, le niveau des océans commencerait à baisser, et des gens par millions semblaient le croire.

Je me souviens. J'étais en un endroit où on buvait du champagne et où ce qu'on appelle le tout Paris s'était donné rendez-vous. Dans les jardins du Trocadéro. Les principales chaînes de télévision françaises avaient installé des studios provisoires pour célébrer l'événement. Des journalistes par dizaines commentaient. Des personnalités politiques se succédaient sous les projecteurs et partageaient leur liesse avec des artistes, des intellectuels, des spécialistes de la spécialité, des Américains qui s'étaient exilés hors de leur pays et se promettaient de rentrer.

Je regardais. J'écoutais. Mais je ne riais pas. J'étais triste et inquiet. Je savais qui était celui qu'on idolâtrait. Je savais quel avait été son parcours. Je connaissais la liste de ses conseillers, qui, pour la plupart, allaient occuper bientôt des fonctions officielles. Je n'ignorais rien des projets qui se tramaient. Je songeais que ceux qui m'entouraient ne savaient pas et ne voulaient pas savoir. J'étais rentré chez moi prématurément.

J'ai écrit un premier livre consacré au personnage. Parce que je discernais en lui des proximités et des ressemblances avec l'Arturo Ui dépeint par Berthold Brecht dans l'une de ses pièces, j'avais appelé le livre *La résistible ascension de Barack Obama*.

Lorsque s'esquissa la possibilité que le personnage soit réélu, j'ai écrit un deuxième livre. Prenant en compte un bilan déjà terriblement très conséquent, j'ai jugé approprié de lui donner un nom : *Le désastre Obama*.

Je me suis efforcé dans ce deuxième livre de ne pas me limiter à la description de ce qui avait été fait, et d'anticiper ce qui surviendrait si la réélection devenait effective.

Je n'ai, comme je m'y attendais, été invité par aucune radio, aucune chaîne de télévision, aucun journal ou magazine pour parler du premier livre. Je n'ai pas été invité davantage pour parler du deuxième.

J'ai, en publiant le premier livre, commis une forme de blasphème.

En publiant le deuxième, j'ai récidivé, ce qui a aggravé mon cas.

Je n'ai pour autant rien à renier : pas un mot, pas une ligne. Pas une phrase.

J'ai, dans le premier livre, décrit des faits, simplement des faits. Chaque élément énoncé se trouve appuyé sur des références précises, vérifiables, indiquées dans de nombreuses notes de bas de page.

J'ai procédé d'une même façon dans le deuxième livre.

Ce que j'y avais prévu s'est passé, peu ou prou comme je l'avais prévu.

J'ai, lors de diverses conférences, dit à mes interlocuteurs que je consacrerais un troisième livre aux années Obama, et que je l'écrirais quand le moment serait venu.

Je pense que le moment est venu.

Dans quelques mois, une nouvelle élection présidentielle va avoir lieu aux États-Unis. Une page sera tournée.

Il sera possible de porter un regard d'ensemble sur les années Obama.

Il est d'ores et déjà possible de porter ce regard d'ensemble.

Je parlerai ici des États-Unis, de l'état de l'économie et de la société, de ce qui a changé, profondément.

Les États-Unis ne sont plus le même pays qu'en 2008, et c'est, sur des points essentiels, quand bien même des évolutions et des transformations sont à l'œuvre depuis bien plus longtemps, le résultat de l'action et des décisions émanant de Barack Obama.

Je parlerai du monde, et de la mutation de l'ordre du monde qui est en train de se produire.

L'ordre du monde s'est trouvé profondément bouleversé ces dernières années, et c'est, là aussi le résultat de l'action et des décisions émanant de Barack Obama.

Je parlerai du futur proche, de l'élection qui aura lieu, le premier mardi de novembre 2016, de ce que seront les prochaines années si,
à la présidence en se déchirant comme ils le font présentement, et en brisant la lame de fond qui, de Cruz à Trump, révolutionne présentement l'Amérique conservatrice, ce sera un signe fort et lourd qu'il importera de se donner les moyens de lire.

Je m'attends à n'être invité par aucune radio, aucune chaîne de télévision, aucun journal ou magazine pour parler du présent livre. Si je le suis, je serai le premier surpris.

Ceux qui ne savaient pas et ne voulaient pas savoir il y a huit comme c'est envisageable aujourd'hui, une démocrate l'emporte et succède à un Président démocrate.

Le Parti démocrate n'est plus le même parti qu'en 2008, et le parti démocrate il y a huit ans avait déjà fort peu à voir avec le parti du temps de John Kennedy. Hillary Clinton, et Bernie Sanders, sont davantage les héritiers de Barack Obama que ceux de Bill Clinton.

Je parlerai des Républicains : s'ils perdent à nouveau la course ans ne veulent, tout ou presque le montre, toujours rien savoir.

Ce n'est pas pour eux que j'écris, mais pour ceux qui veulent garder les yeux ouverts et qui discernent que la connaissance vaut davantage que quelques bulles de champagne.

Le futur des États-Unis d'Amérique nous concerne, et c'est un sujet à prendre au sérieux.

L'ordre du monde, qui est, c'est un fait, étroitement lié au futur des États-Unis d'Amérique nous concerne, et c'est un sujet plus sérieux que quelques bulles de champagne.

1. APRÈS LE CAPITALISME

San Francisco. Ville riche. Maisons impeccables et harmonieuses. Rues calmes. Dimensions humaines. Un climat frais, sans grands écarts entre l'hiver et l'été. Un ciel souvent bleu. Quelques sans-abris dans le Tenderloin district au Sud du City Hall. Un quartier noir le long de Fillmore Street. Un quartier gay. Des hispaniques sur Dolores et Guerrero. Des Asiatiques. Des gens de plus humble condition, mais pas de trace de misère. Des transports en commun efficaces. Des étendues de verdure qui fleurent l'eucalyptus.

Les visiteurs venus d'Europe en font souvent leur ville préférée aux États-Unis. Ils en repartent en se disant qu'après huit années de présidence Obama, le pays se porte bien.

S'ils quittent la ville et empruntent le Golden Gate Bridge en direction de Sausalito et du Marin Country, ils garderont cette impression. S'ils descendent vers le Sud en direction de San Jose, ils garderont cette impression encore. S'ils vont plus loin, vers Monterey, Santa Barbara, Santa Monica ou San Diego, cette impression ne les quittera pas.

Elle ne les quittera pas non plus s'ils se rendent à New York, et restent à Manhattan, sans monter au nord de la cent dixième rue, ou s'ils se rendent à Washington, D.C., en allant du quartier des ministères à Georgetown.

Il existe une Amérique riche, parfois très riche. Il existe des milliardaires et des millionnaires en dollars, une *upper middle class* qui préserve un haut niveau de vie. Cette Amérique-là n'existe pas seulement le long de la côte californienne ou dans le Nord-Est. Elle existe aussi à Boston, à Chicago, dans les quartiers nord et alentour du *loop*, à Houston, à Phoenix.

Il existe des entreprises puissantes, dynamiques, innovatrices, des universités renommées dans le monde entier et dont les départements d'économie, de gestion des affaires ou de sciences exactes sont toujours des pôles d'excellence sans équivalent ou presque sur la surface de la Terre.

Il existe aussi une autre Amérique.

Il n'est pas difficile de la trouver. Il suffit, si l'on est à San Francisco, de prendre le Bay Bridge, direction Oakland, et de sortir de l'autoroute à hauteur du centre ville. On peut aussi aller jusqu'à la vallée centrale, Modesto, Merced, Fresno, quitter Santa Monica en direction de South Central, rejoindre l'Inland Empire et San Bernardino.

On peut aller, à Manhattan, au nord de la cent dixième rue, aller jusqu'au South Bronx, à Washington, D.C., vers l'est de l'Anacostia River, à Chicago au Sud du *loop*, le long de la route 94, dans des centaines de quartiers où sitôt l'on pénètre on perçoit un délabrement, une sensation suintante de chute et d'abandon.

On peut se rendre dans des villes entières qui donneront la même sensation : Detroit, Saint-Louis, Baltimore.

Il y a toujours eu de la pauvreté aux États-Unis, comme il y en a toujours eu dans toute société, mais la pauvreté a gagné du terrain sous Barack Obama, beaucoup de terrain, et les chiffres officiels l'indiquent : il y avait 38 millions de gens officiellement classés comme pauvres ou très pauvres aux États-Unis à la fin de l'année 2008. Il y en avait plus de 46 millions sept ans plus tard, à la fin de l'année 2015, soit une augmentation de vingt pour cent en sept ans. Le nombre de ceux qui s'alimentent grâce à des *food stamps*, bons d'alimentation destinés à aider les plus pauvres à acheter leur nourriture, a lui-même augmenté dans les mêmes proportions[1].

Il y a, au delà de la pauvreté, une désagrégation de ce qui a longtemps fait la force des États-Unis : la grande *middle class*, ni riche, ni pauvre, mais disposant de quoi vivre confortablement sa vie.

D'autres chiffres officiels l'indiquent : ceux montrant l'érosion du salaire moyen qui, au cours des sept dernières années, a baissé, et atteint son plus bas niveau depuis vingt ans[2].

Et c'est un fait : passées quelques apparences et quelques pôles de fécondité, et bien qu'elle soit toujours la première économie du monde, l'économie américaine se porte mal.

---

1 poverty.ucdavis.edu/faq/how-many-people-are-poor

2 www.census.gov/content/dam/Census/library/publications/2015/demo/p60-252.pdf

La croissance au cours des sept dernières années se situe à peine au dessus de deux pour cent en rythme annuel[3], ce qui peut sembler beaucoup par rapport à divers pays européens qui sont en stagnation ou en récession, mais ce qui est bien trop peu pour un pays qui est toujours une terre d'immigration, et qui voit arriver plus de deux millions de nouveaux habitants par an[4].

Les données concernant l'emploi le montrent. Il y avait, à la fin de l'année 2015, 122 millions d'Américains qui exerçaient une activité salariée, à peine plus qu'à la fin de l'année 2008, qui avait pourtant été une année destructrice d'emplois en raison de la crise financière[5]. La population du pays s'étant accrue en parallèle de quinze millions de personnes, on discerne aisément que trop peu d'emplois ont été créés.

Les statistiques officielles du chômage disent que celui-ci se situe à peine au dessus de cinq pour cent, mais elles correspondent au nombre de ceux qui sont inscrits comme cherchant un emploi, et excluent ceux qui ont renoncé à en chercher un, et cela fait beaucoup de gens, beaucoup plus, même, que le nombre de ceux officiellement classés comme pauvres : environ deux fois plus[6].

Cent deux millions d'Américains en âge de travailler ne travaillent pas[7].

S'ils ne sont pas tous classés comme pauvres, c'est que certains d'entre eux ont de l'épargne et vivent sur elle, ou sont entretenus par leur famille et ont disparu des statistiques.

---

3 www.tradingeconomics.com/united-states/gdp-growth

4 www.dhs.gov/yearbook-immigration-statistics

5 www.statista.com/statistics/192361/unadjusted-monthly-number-of-full-time-employees-in-the-us/

6 useconomy.about.com/od/suppl1/f/real_unemployment_rate.htm

7 www.forbes.com/sites/peterferrara/2014/01/24/after-five-years-of-obamanomics-a-record-100-million-americans-not-working/

Le chiffre réel du chômage, prenant en compte l'ensemble de ceux qui sont en âge de travailler et ne travaillent pas, se situe à un niveau accablant 42, 9 %[8].

Si l'on ajoute que, sur l'ensemble des Américains exerçant une activité salariée, une part toujours plus importante occupe un emploi à temps partiel sans l'avoir choisi, soit parce qu'ils n'ont pu trouver un travail à temps complet, soit parce que leur emploi à temps complet a été transformé en emploi à temps partiel en raison de commandes insuffisantes, de coûts plus élevés, de profits insuffisants, il est aisé de discerner que la situation est préoccupante[9].

L'économie américaine se porte mal en réalité : il existe en elle quelques entreprises très performantes, celles que chacun connaît, et beaucoup d'entreprises qui sont tout au bord du seuil de survie, voire au-delà du seuil de survie, et qui pour durer encore vont de prêt en prêt, d'emprunt en emprunt, confrontées au risque de basculer dans la faillite en un instant.

L'économie américaine est aujourd'hui une économie duale : partagée entre une petite minorité, inférieure à vingt pour cent de la population, celle constituée des milliardaires, millionnaires et la *upper middle class*, de ceux qui travaillent dans les entreprises très performantes ou qui les possèdent, et d'un autre côté une grande majorité, en situation précaire, ou très précaire, qui travaille dans les autres entreprises ou les possède, parfois ne travaille pas et a glissé vers la marge et le déclassement[10].

Et ce doit être dit.

Il en est ainsi pour des raisons qui n'ont rien à voir avec l'économie en soi, et tout à voir avec la politique.

---

8 Le chiffre de 42,9% a été établi par David Stockman, en juin 2015, http://davidstockmanscontracorner.com/the-warren-buffett-economy-why-its-days-are-numbered-part-4/. Depuis, le pourcentage a peu varié. Le *payroll to population rate* en avril 2015 s'établissait à 43,9%, www.gallup.com/poll/183029/payroll-population-rate-april.aspx

9 www.heritage.org/research/reports/2014/06/shrinking-workweeks-a-sign-of-unequal-recovery-from-the-great-recession; townhall.com/tipsheet/karajones/2014/10/02/obamacares-job-killing-employer-mandate-n1898654 ; townhall.com/columnists/donaldlambro/2015/05/27/obamas-parttime-low-wage-job-challenged-economy-is-shrinking-n2004036

10 www.usnews.com/news/blogs/data-mine/2015/12/10/the-middle-class-is-shrinking-and-the-rich-are-getting-richer-pew-report-says

L'économie américaine souffre d'une fiscalité lourde et stricte qui a des conséquences.

Si l'imposition des personnes physiques aux États-Unis reste plus faible que dans le reste du monde occidental, et si le taux de prélèvement obligatoire y est lui-même plus faible que ce qu'il est dans de nombreux pays, l'imposition sur les bénéfices des entreprises y est, par contre, très élevée. Elle était en 2008 l'une des plus élevées du monde développé, puisqu'elle se situait à hauteur de 39 pour cent (la moyenne pour les pays de l'OCDE étant de 24 pour cent)[11], ce qui était un handicap pénalisant. En 2016, la moyenne pour les pays de l'OCDE est toujours de 24 pour cent. Le chiffre, pour les États-Unis est toujours de 39 pour cent. Mais le handicap s'est fait plus pénalisant encore : jusqu'en 2009, les entreprises américaines bénéficiaient au moins d'ambiguïtés *(loopholes*) dans les textes, et ces ambiguïtés leur permettaient, avec l'aide de conseillers avisés, de trouver des moyens d'atténuer le handicap. A partir de 2009, le fisc américain (*l'Internal Revenue Service*) s'est vu demander d'être beaucoup plus strict, et de traquer les ambiguïtés, pour les supprimer. Divers aménagements fiscaux avaient été votés sous George Walker Bush, ainsi le *Jobs and Growth Tax Relief Reconciliation Act* (2003) [12]: ceux-ci avaient une date d'expiration et ils n'ont pas été reconduits. Un *Tax Relief Act* a été voté en 2010, qui baisse à dose homéopathique les impôts pour les personnes, pas pour les entreprises[13].

Les entreprises américaines sont aujourd'hui les plus imposées du monde développé, et gardent très peu d'échappatoires. Certaines d'entre elles ont, pour ne pas être étranglées, utilisé ces dernières années un procédé appelé « inversion », qui consiste à racheter une entreprise étrangère puis à déclarer que le siège social du groupe ainsi constitué est celui de l'entreprise rachetée[14]. Ce procédé est à la portée de grandes entreprises aux activités

---

11 www.smbiz.com/sbrl001.html; taxfoundation.org/article/corporate-income-tax-rates-around-world-2014 ok, pour être plus précis, autant renvoyer directement à la page de l'OCDE : http://stats.oecd.org//Index.aspx?QueryId=58204

12 www.accountingweb.com/practice/growth/the-jobs-and-growth-tax-relief-reconciliation-act-of-2003

13 www.forbes.com/sites/hanisarji/2010/12/17/house-passes-the-middle-class-tax-relief-act-of-2010-h-r-4853/

14 www.bloombergview.com/quicktake/tax-inversion. Le procédé a été utilisé entre autres par Burger King, devenu entreprise canadienne, et par Pfizer devenue irlandaise, mais il y a des dizaines d'autres cas.

multinationales, et elles l'utilisent, mais pas du tout à la portée de petites ou moyennes entreprises.

L'économie américaine souffre aussi de réglementations serrées, qui ont elles-mêmes des conséquences.

Si les États-Unis semblent être un pays où les activités économiques sont moins réglementées qu'en Europe, et si cela était effectivement le cas il y a vingt ou trente ans, depuis les choses ont beaucoup changé. Des milliers de pages de règles et de normes sont venues s'ajouter aux milliers de pages déjà existantes et ont fait des États-Unis un pays très réglementé. Depuis 2009, l'ajout de règles et de normes s'est accéléré, et règles et normes sont devenues écrasantes[15].

C'est ce qui s'est passé dans le secteur financier. La crise née des prêts *subprime* en 2008 a été invoquée pour promulguer en 2010 une réforme financière dont a découlé la mise en place d'un Conseil de Supervision de la Stabilité Financière (*Financial Stability Oversight Council*) qui définit de grandes entreprises financières comme « trop importantes pour faire faillite » (et devant faire l'objet d'une « surveillance particulière ») et autorise le gouvernement à saisir toute entreprise financière jugée susceptible d'être en défaut de paiement[16]. A suivi la création en 2011 d'un Bureau de la Protection Financière des Consommateurs (*Consumer Financial Protection Bureau*) chargé de surveiller de près les banques et institutions financières, les prêts, les emprunts[17]. Toutes les entreprises financières américaines se trouvent placées sous supervision plus ou moins stricte qui restreint leur capacité de décision, et sous menace de saisie. Et toutes les entreprises américaines qui ont leur siège social aux États-Unis sont tenues de déclarer toutes leurs activités en matière de prêts et d'emprunts, ce qui entraîne pour elles des surcoûts administratifs parfois très importants. Ces surcoûts sont plus aisés à absorber pour de grandes entreprises, beaucoup plus difficiles à absorber pour des entreprises plus petites.

Ce qui s'est passé dans le secteur financier s'est passé aussi dans le secteur, vaste, de l'environnement. Au nom de la nécessité de lutter contre la

---

15 https://cei.org/10kc2015: Clyde Wayne Crews, « Ten Thousand Commandments 2015. An Annual Snapshot of the Federal Regulatory State ».

16 www.sec.gov/about/laws/wallstreetreform-cpa.pdf

17 www.federalregister.gov/agencies/consumer-financial-protection-bureau

pollution et le « réchauffement global », l'Agence de Protection de l'Environnement (EPA) a été chargée dès 2009 de mettre en place un maillage de surveillance de plus en plus restrictif. Le *Clean Water Act* de 1972, destiné à protéger l'eau, que ce soit celle des rivières, des lacs, de la mer, ainsi que l'eau potable est devenu un moyen de contrôler, de façon de plus en plus drastique, non seulement la qualité de l'eau, mais toutes les activités pouvant se relier à l'usage d'eau ou à la proximité de surfaces aquatiques, y compris les activités agricoles, et toutes les activités concernées aux États-Unis sont dès lors sous contrôle strict[18]. Le *Clean Air Act* de 1962, destiné, lui, à protéger la qualité de l'air est devenu, lui, un moyen de prendre en main toutes les activités qui n'ont pas de relation directe avec l'eau, ce qui fait beaucoup d'activités. Le dioxyde de carbone ayant été défini par l'EPA comme un polluant majeur[19], des mesures de restriction rapide et brutale de toute activité économique impliquant émissions de dioxyde de carbone (donc quasiment toutes les activités économiques) ont été prises[20]. Quasiment toutes les activités économiques aux États-Unis sont dès lors impliquées. En 2015, l'EPA a édicté des directives destinées à ramener d'ici 2030 (donc en quinze années), les émissions de dioxyde de carbone à leur niveau de 1975, ce qui, selon les États, équivaut à exiger que celles-ci soient réduites de trente à quarante pour cent[21]. Des entreprises ont déjà dû fermer leurs portes au cours des années récentes parce qu'elles émettaient en excès par rapport au niveau fixé. D'autres, contraintes et forcées, faute d'avoir le choix, ont dû se doter à la hâte d'équipements moins « polluants », mais très onéreux. Trop onéreux pour des centaines d'entre elles. Des directives ultérieures, plus restrictives encore, devraient voir le jour avant la fin de l'année 2016, avec de lourdes conséquences.

L'économie américaine souffre des coûts de l'énergie, qui se sont accrus très vite ces dernières années.

Dès lors que près de la moitié de la production d'énergie aux États-Unis est d'origine thermique et repose sur la production et l'utilisation de charbon, réduire fortement les émissions de dioxyde de carbone frappe de plein fouet le secteur énergétique, et une très forte augmentation des prix de l'électrici-

18 www.cleanwateraction.org/mediakit/overview-clean-water-restoration-act-2009

19 www.wsj.com/articles/SB124001537515830975

20 www.nytimes.com/2009/04/18/science/earth/18endanger.html?_r=0

21 www.epa.gov/cleanpowerplan ; townhall.com/columnists/pauldriessen/2015/08/08/epas-punitive-fraudulent-clean-power-plan-n2036220/page/full

té a eu lieu depuis 2009[22]. Il est prévu qu'une augmentation bien plus forte encore s'opère à brève échéance. Toutes les entreprises exerçant une activité impliquant l'usage de l'électricité aux États-Unis sont touchées, ou le seront à brève échéance. L'électricité est devenue très chère, trop chère pour de nombreuses entreprises. Elle va devenir plus chère encore.

Avant 2009, la construction de nouveaux barrages ou de nouvelles centrales nucléaires a été envisagée, puis, en raison de protestations préventives de mouvements écologistes, a cessé de l'être. Depuis 2009, la construction de nouveaux barrages ou de nouvelles centrales nucléaires n'a pas même été envisagée. Obama a déclaré lui-même que les sources d'énergie du futur étaient les éoliennes et les panneaux solaires, et des milliards de dollars d'argent public ont été consacrés à la production et à l'utilisation d'éoliennes et de panneaux solaires, avec pour résultat une production d'électricité infinitésimale, très onéreuse[23].

Seule la production de pétrole et celle de gaz de schiste a évité que la situation soit bien pire que ce qu'elle est : les États-Unis sont devenus au cours des récentes années un important producteur de pétrole et de gaz, et le prix du pétrole et du gaz a beaucoup baissé[24]. Mais Obama n'y est pour rien : il a, au contraire, tout fait pour que pétrole et gaz de schiste ne soient pas exploités, et n'y est pas parvenu, malgré ses efforts[25]. Le pétrole et le gaz de schiste produits aux États-Unis le sont sur des terres privées, et les lois protégeant la propriété privée n'ont pas encore été toutes abolies. Le ralentissement économique international a, par ailleurs, fait beaucoup baisser le prix du pétrole et du gaz.

L'économie américaine souffre des coûts présents et anticipés de la réforme du secteur de l'assurance maladie.

---

22 www.cnsnews.com/news/article/terence-p-jeffrey/price-electricity-hit-record-high-us-2014

23 www.breitbart.com/big-government/2013/12/05/energy-subsidies-are-going-to-junk-investments-and-failing-companies/

24 www.nytimes.com/interactive/2016/business/energy-environment/oil-prices.html?_r=0

25 www.theguardian.com/environment/2015/aug/03/obamas-clean-power-plan-will-hit-shale-gas-industrys-share-of-energy-generation. Sur l'hostilité à la production de gaz de schiste et sur le caractère infondé de celle-ci, cf. beta.townhall.com/columnists/pauldriessen/2014/09/21/what-drives-antifracking-zealots-n1894512

Le système d'assurance maladie américain avant Obama reposait sur un ensemble d'assurances privées et de mutuelles, auquel s'ajoutaient deux formes d'assurances gouvernementales, *Medicare* (qui couvre les personnes âgées de plus de soixante-cinq ans et les handicapés) et *Medicaid* (qui couvre les pauvres et les personnes à faible revenu)[26]. Les personnes non couvertes par *Medicare* et *Medicaid* n'avaient aucune obligation de s'assurer. La réforme mise en place par décision d'Obama, et qui a pris la forme de *l'Affordable Care Act* (voté en mars 2010) a créé une obligation de s'assurer. Elle est venue aussi uniformiser les contrats, obligeant assurances privées et mutuelles à proposer des contrats-types prédéfinis avec le même niveau de protection, et le même coût, quel que soit l'âge, le sexe ou les conditions de santé préalables de la personne souscrivant une assurance[27].

Elle est graduellement mise en place : elle a abouti (ce qui n'était pas le but affiché) à des contrats beaucoup plus coûteux, et qui, la plupart du temps, assurent une couverture plus incomplète des assurés. Les entreprises étant tenues d'assurer leurs employés à plein temps, et donc de payer les assurances de ceux-ci, se retrouvent face à des coûts énormes, qui s'ajoutent aux autres coûts déjà ajoutés depuis 2009. Certaines entreprises paient. D'autres entreprises se séparent de salariés ou suppriment des emplois à plein temps[28]. Des entreprises ferment. Des gens qui étaient assurés personnellement voient leur ancien contrat résilié, et doivent le remplacer par un nouveau contrat, plus cher[29]. Des gens choisissent de ne pas s'assurer et de payer une amende, considérant que l'amende leur coûte moins cher que l'assurance qu'ils devraient contracter sans cela[30].

Ce qui s'est opéré sous Obama est, par touches graduelles, une transformation de l'économie américaine dans une direction qui ressemble fort à une volonté d'asphyxie.

Si l'asphyxie n'est pas totale, c'est parce qu'Obama n'a pas eu pour but qu'elle soit totale.

---

26 www.bbc.co.uk/newsbeat/article/10067521/how-does-us-healthcare-work

27 www.theatlantic.com/health/archive/2013/04/what-is-obamacare/274509/

28 www.forbes.com/sites/gracemarieturner/2013/08/27/its-fact-not-anecdote-that-obamacare-is-turning-us-into-a-part-time-nation/

29 www.forbes.com/sites/gracemarieturner/2015/10/10/400000-citizens-to-lose-health-insurance-again-because-of-obamacare-co-op-failures/

30 www.wsj.com/articles/many-uninsured-choose-penalty-over-enrollment-offer-under-health-law-1426888783

C'est parce que nombre de grandes entreprises ont pu s'adapter là où de plus petites entreprises n'ont pas pu, ou ont beaucoup plus de mal, à le faire.

C'est parce que le but d'Obama n'était pas de briser les grandes entreprises, mais de placer un nombre croissant de celles-ci, sur de multiples plans, et dans de multiples secteurs (de la finance à l'énergie, des hautes technologies aux assurances), sous contrôle, tout en accordant des avantages à certaines d'entre elles.

C'est parce que son but était de renforcer les liens d'interdépendance qui existaient déjà entre certaines grandes entreprises et le gouvernement, de créer des liens d'interdépendance supplémentaires avec d'autres grandes entreprises, choisies par lui, de mettre en place des engrenages qui arriment ces liens et qui, en parallèle, font plier de plus petites entreprises, placent celles-ci dans une situation de dépendance de plus en plus nette par rapport au gouvernement, jusqu'à donner à celui-ci droit de vie et de mort sur elles.

Ce qui s'est opéré, et c'est ce qu'Obama voulait, a été, de fait, la mise en place d'un fonctionnement d'économie administrée, en laquelle une strate de grandes entreprises en interdépendance avec le gouvernement règne dès lors que les grandes entreprises concernées acceptent l'interdépendance et fonctionnent en elle, tandis que, par l'action du gouvernement, une multitude d'entreprises plus petites, elles, sont placées sous pression et doivent accepter, elles, la dépendance et ne peuvent échapper à la mort, si elles lui échappent, qu'en acceptant.

Ce qui s'est opéré sous Obama est un glissement qui éloigne les États-Unis de la liberté d'entreprendre, puisque de grandes entreprises agissent en collusion avec le gouvernement, tandis que de plus petites entreprises sont placées dans une situation où elles peuvent de moins en moins agir librement, sont de plus en plus à la merci du gouvernement et plus guère à même de concurrencer de grandes entreprises.

Ce qui s'est mis en place est un système qui favorise massivement des grandes entreprises, dès lors qu'elles acceptent l'interdépendance, et qui fait que des grandes entreprises soutiennent un gouvernement qui les favorise et gère les rouages de l'interdépendance.

Ce qui s'est mis en place est un système qui défavorise les plus petites entreprises, resserre sur elles des contraintes croissantes.

Ce qui s'est mis en place est une économie clivée, plus clivée que jamais, où de grandes entreprises peuvent accepter et acceptent ce qui asphyxie l'économie plus vaste, car elles en tirent avantage, tandis que de plus petites entreprises sont plus asphyxiées.

Ce qui s'est mis en place est, outre une transformation de l'économie, une transformation de la société où une minorité riche et très riche travaille pour des grandes entreprises en collusion avec le gouvernement, et, par l'interdépendance, dépend du gouvernement, tandis qu'en dessous de cette minorité, une grande majorité est composée de gens moins riches, de plus en plus souvent en difficulté, de plus en plus dépendants, et de gens pauvres, pleinement dépendants.

Ce qui se constate désormais est l'existence de plus en plus nette d'une société elle-même clivée dans laquelle les très riches et les riches sont, globalement, plus riches alors que les moins riches sont moins riches encore et les pauvres plus nombreux, mais en laquelle ni les très riches et les riches, ni les moins riches, ni, a fortiori, les pauvres ne sont indépendants du gouvernement.

Ce qui se constate est une accoutumance à la dépendance, chez les très riches et les riches, parce que la dépendance leur profite, chez les moins riches parce qu'ils ont de moins en moins le choix, et chez les pauvres parce qu'elle les fait survivre.

Ce qui résulte est une inflexion des états d'esprit, qui tout en restant marqués encore par l'idée de liberté individuelle acceptent davantage, montrent les sondages, les restrictions apportées à celle-ci.

Ce qui résulte est aussi une acceptation croissante de ce qui, dans le cadre de la dépendance est censé venir compenser l'asphyxie : la redistribution, qui ne concerne pas que les pauvres ou ceux qui glissent vers la pauvreté, mais aussi les plus riches, puisque pour de grandes entreprises, elle peut s'appeler élimination des concurrents, subventions, ou commandes gouvernementales et entre dans une catégorie qui s'ajoute au *welfare*, redistribution sociale, et reçoit le nom de *corporate welfare*, redistribution en direction des grandes entreprises[31].

Si les dépenses fédérales allant au *welfare* se sont accrues sous Obama, en même temps que les dépenses servant à faire fonctionner tout ce qui suscite les effets d'asphyxie, les dépenses de *corporate welfare* se sont accrues aussi[32].

Et ce qui sous-tend tout cela est un accroissement considérable des dépenses fédérales qui dépasse de beaucoup les rentrées fiscales, et a entraîné des déficits budgétaires vertigineux pendant les premières années de la présidence Obama. Les déficits budgétaires se sont faits moins importants depuis, mais persistent et n'ont pas disparu[33].

Ils ont conduit le pays vers un endettement lui-même vertigineux, puisque, en sept ans, le montant de la dette fédérale a doublé, et est passée de 9.000 milliards de dollars en novembre 2008 à 19.000 milliards de dollars en janvier 2016 (59.000 dollars par citoyen). La dette fédérale a dépassé le niveau de cent pour cent du PIB, et continue à monter[34].

Le pays est toujours davantage sous la dépendance de ceux qui lui prêtent de l'argent, au premier rang desquels la Chine[35].

Pour peu qu'on ajoute à la dette fédérale le coût croissant, en raison de l'augmentation de l'espérance de vie, de divers programmes gouvernementaux à l'heure actuelle insuffisamment financés, voire non financés, tels la *Social Security*, qui verse un minimum vieillesse à tout citoyen âgé de plus de 66 ans, *Medicare* et *Medicaid*, les États-Unis semblent proche de la banqueroute.

---

31 www.forbes.com/sites/taxanalysts/2014/03/14/where-is-the-outrage-over-corporate-welfare/

32 Luis Suarez-Villa, *Corporate Power, Oligopolies, and the Crisis of the State*, State University of New York Press, 2015.

33 www.washingtontimes.com/news/2015/nov/1/obama-presidency-to-end-with-20-trillion-national-/?page=all

34 www.foxnews.com/politics/2011/08/04/us-debt-reaches-100-percent-countrys-gdp.html

35 www.useconomy.about.com/od/worldeconomy/p/What-Is-the-US-Debt-to-China.htm

Malgré l'accroissement considérable des dépenses fédérales, rien n'a été prévu pour financer ce qui n'est pas financé[36].

Ce qui s'est opéré sous Obama n'a pas été seulement la transformation profonde de l'économie et de la société américaines, et une inflexion des mentalités, qui découle, et pas seulement non plus un endettement vertigineux du pays : cela a été aussi d'autres transformations, pas nécessairement visibles pour qui n'observe pas de près le fonctionnement du pays, mais néanmoins cruciales.

L'acceptation des restrictions à la liberté individuelle et l'acceptation croissante de la redistribution sont allées de pair avec une érosion des principes institutionnels sur lesquels le pays repose, et à la collusion entre grandes entreprises et gouvernement se sont ajoutés les effets de cette érosion.

La Constitution énonce une séparation des pouvoirs destinée à permettre la surveillance d'un pouvoir par un autre pouvoir, et l'équilibre entre les pouvoirs. Le pouvoir exécutif, détenu par le Président, est censé être surveillé et équilibré par le pouvoir législatif, détenu par le Congrès.

Dès les élections de mi-mandat de Novembre 2010, la Chambre des Représentants a été à majorité républicaine. Depuis les élections de mi-mandat de novembre 2014, les deux chambres, Chambre des Représentants et Sénat, sont à majorité républicaine.

Dès que la Chambre des Représentants élue en novembre 2010 a commencé à siéger, Obama s'est employé à la contourner. Depuis que les deux chambres sont à majorité républicaine, Obama s'efforce de contourner le Congrès dans son intégralité[37].

Le Président présente le budget du pays, et le budget doit être ratifié par le Congrès. Quand le Président et l'une des chambres du Congrès ne sont pas du même camp politique, des tractations ont lieu de façon à trouver un terrain d'entente. C'est a fortiori le cas lorsque les deux chambres du Congrès ne sont

36 www.heritage.org/research/reports/2014/08/social-security-trustees-report-unfunded-liability-increased-11-trillion-and-projected-insolvency-in-2033

37 www.nationalreview.com/article/370878/obama-frees-america-tyranny-law-charles-c-w-cooke

pas du même bord politique que le Président. Obama n'a cessé de se refuser à toute tractation et à tout compromis, jusqu'à ce que les Républicains plient[38].

Obama a, de fait, à de nombreuses reprises, abusé de son pouvoir, et agi de telle façon que le pouvoir exécutif n'a pas respecté le pouvoir législatif, détenu par le Congrès.

Il n'a pas signé beaucoup plus de décrets (*executive orders*) que ses prédécesseurs, mais il a signé des *executive orders* qui, contrairement aux règles établies, ne reposaient pas sur une nécessité urgente d'agir, et portaient sur des domaines qui relevaient du pouvoir législatif[39] : il a ainsi modifié plusieurs fois des textes de lois, qui ne sont désormais plus du tout ce qu'ils étaient quand ils avaient été votés[40].

Il a utilisé plusieurs agences qui dépendent directement du Bureau Exécutif du Président pour prendre, par leur intermédiaire, des décisions d'une importance majeure et qui auraient dû faire l'objet de débats au sein du Congrès, parce qu'elles modifiaient elles-mêmes la lettre de textes de lois promulguées. C'est ce qu'il a fait, en particulier, en usant et abusant de *l'Environmental Protection Agency*[41].

La *Federal Communications Commission* (FCC) est censée être indépendante du Président, mais le Président de la FCC n'en est pas moins nommé par le Président des États-Unis. Obama a nommé successivement à la tête de la FCC deux hommes qui ont travaillé pour sa campagne en 2008 : Julius Genachowski, puis Thomas Edgar Wheeler. Il a fait adopter par la FCC, contre l'avis du Congrès, des règles sur la « neutralité » d'internet qui en font un « service de communication » susceptible d'être réglementé sur tous les

---

38 www.forbes.com/sites/quora/2013/10/03/why-did-the-u-s-government-shut-down-in-october-2013/ http://www.ibtimes.com/government-shutdown-2014-will-federal-government-shut-down-again-1749530 ; townhall.com/tipsheet/cortneyobrien/2015/08/24/obama-unloads-on-congress-for-lack-of-budget-theyve-had-all-year-to-do-this-n2042936 ; http://www.nytimes.com/2015/10/01/us/politics/government-shutdown-congress.html

39 www.nationalreview.com/article/423992/obamism-correctable-victor-davis-hanson

40 townhall.com/tipsheet/conncarroll/2013/11/15/obamas-obamcare-fix-is-his-most-illegal-power-grab-yet-n1747326 ; townhall.com/columnists/jeffjacoby/2015/11/15/obama-cant-rewrite-immigration-law-even-for-the-better-n2081152/page/full

41 www.nationalreview.com/article/428882/obama-violate-constitution-top-ten-2015

plans, prix, définition des services fournis, supervision du contenu des messages et des sites[42].

La Constitution dit que le Président signe les traités, mais que c'est le Congrès qui les ratifie, et qu'un traité ne peut engager les États-Unis tant que le Congrès ne l'a pas ratifié. Obama a évité de passer par la ratification du Congrès, en n'utilisant pas le mot « traité », mais le mot « accord », pour désigner ce qui est pourtant un traité. C'est ce qu'il a fait pour l'« accord » avec l'Iran et pour la levée des sanctions qui frappaient ce dernier. Quand le Congrès a voulu intervenir, Obama a usé de son droit de veto, que le Congrès n'aurait pu surmonter que par une majorité des deux-tiers[43]. Il avait, de toute façon, demandé auparavant à l'ambassadrice des États-Unis aux Nations Unies de voter en faveur de l'« accord » au Conseil de Sécurité. Et donc, engagé la parole des États-Unis avant que le Congrès puisse dire quoi que ce soit[44].

La Constitution dit que le Président est chef des armées en cas de guerre, mais que c'est le Congrès qui déclare la guerre. Obama a engagé des guerres sans demander au Congrès de déclarer la guerre, en disant qu'il ne s'agissait pas de guerres mais d'« opérations militaires »[45].

Obama a déclaré plusieurs fois que l'existence de la Constitution était, à ses yeux, un inconvénient. Il a montré plusieurs fois qu'il pouvait effectivement considérer la Constitution comme un inconvénient, et sauter par-dessus l'inconvénient[46].

Il a commis plusieurs actions qui auraient dû impliquer une procédure d'*impeachment* et qui, voici quelques années à peine auraient entraîné une procédure d'*impeachment* : parjure, abus de pouvoir, haute trahison[47].

---

42 humanevents.com/2015/03/13/fcc-net-neutrality-regulations-include-one-really-scary-sentence/

43 www.nationalreview.com/article/423845/how-obama-swindled-americans-iran-charles-krauthammer ; abcnews.go.com/Politics/president-obamas-iran-deal-officially-unstoppable-congress/story?id=33479700

44 foreignpolicy.com/2015/07/15/obama-turns-to-u-n-to-outmaneuver-congress-iran-nuclear-deal/

45 www.washingtontimes.com/news/2011/mar/18/obamas-illegal-war/

46 www.redstate.com/diary/senmikelee/2012/01/31/the-inconvenient-constitution/

47 townhall.com/columnists/johnhawkins/2014/06/07/5-high-crimes-and-misdemeanors-for-which-obama-deserves-to-be-impeached-n1848801/page/full

Il n'a subi aucune procédure d'*impeachment*.

Ni la Chambre des Représentants, qui a pouvoir d'*impeachment*, ni le Sénat, qui a pouvoir de jugement en matière d'*impeachment* n'ont une seule fois évoqué la possibilité. Comme paralysés par le fait qu'Obama a traité la Constitution comme un inconvénient, les Républicains sont restés muets sur le sujet. La collusion entre grandes entreprises et gouvernement a joué un rôle : de grandes entreprises qui travaillent avec l'administration Obama financent aussi le parti républicain, et peuvent soutenir celui-ci, jusqu'à un certain point. L'appui indéfectible des membres démocrates du Congrès à Barack Obama a aussi joué un rôle : il aurait été impossible aux Républicains de réunir la majorité qualifiée requise à la Chambre des Représentants pour qu'une procédure d'*impeachment* s'enclenche avec une chance de succès[48].

La Constitution énonce l'indépendance du pouvoir judiciaire.

Obama a nommé dès janvier 2009 au Ministère de la justice l'un de ses fidèles lieutenants, Eric Holder, et celui-ci est resté en fonction jusqu'en avril 2015. Il s'est rendu coupable à de nombreuses reprises d'obstruction à l'action de juges, et a fait suspendre des poursuites contre des organisations pourtant coupables de crimes fédéraux, ainsi le *New Black Panther Party*[49]. Il s'est lui-même rendu coupable d'actions qui, selon les principes constitutionnels, auraient dû entraîner sa démission immédiate et sa mise en examen : une vente d'armes à des cartels de la drogue mexicains qui a mal tourné (dossier *Fast and Furious*[50]), des écoutes téléphoniques illégales sur la ligne d'un journaliste (James Rosen[51]) et sur les lignes d'une agence de presse (*Associated Press*[52]). Le Congrès a mis en place des commissions d'enquête et convoqué Eric Holder. Malgré l'existence avérée de charges accablantes, aucune poursuite n'a pu être engagée contre lui. Seul le Ministre de la justice pouvait nommer un procureur à même d'agir contre le Ministre de la justice, et il ne l'a, bien sûr, pas fait. Le Congrès pouvant aussi proposer un *impeachment* contre un Ministre a envisagé, là, sans hésiter, une procédure

48 gai.georgetown.edu/obama-a-republican-congress-and-impeachment/

49 www.theblaze.com/stories/2012/08/08/did-eric-holder-commit-perjury-in-black-panther-voter-intimidation-case-watchdog-publishes-some-revealing-documents/

50 nypost.com/2014/12/14/how-eric-holder-spun-the-fast-and-furious-scandal-to-a-lapdog-media/

51 www.foxnews.com/politics/2014/10/29/holder-says-subpoena-to-fox-news-reporter-is-his-one-regret.html

52 www.huffingtonpost.com/2013/05/15/james-cole-ap-subpoena_n_3280527.html

d'*impeachment*. Celle-ci n'a pas abouti pour les raisons qui ont fait qu'aucune procédure d'*impeachment* n'a été lancée contre Barack Obama[53]. Eric Holder a été remplacé en avril 2015 par une personne choisie par Obama, Loretta Lynch, qui s'assure depuis qu'aucune poursuite ne peut se trouver engagée contre Eric Holder ou un autre membre, présent ou passé, de l'administration Obama[54].

Hillary Clinton, qui fut Secrétaire d'État pendant le premier mandat d'Obama a dû répondre de ses actes devant deux commissions d'enquête du Congrès, dans deux dossiers : l'un concernait l'utilisation par elle d'un serveur internet privé et de la transmission d'éléments classés « secret défense » par le biais de ce serveur, non sécurisé, et donc susceptible d'être piraté par des puissances ennemies (à ce jour, plus d'un millier d'emails contenant des éléments classés « secret défense » et ainsi transmis ont été retrouvés par le FBI[55]), l'autre concernait une dissimulation de faits et un parjure dans une affaire concernant l'attaque du consulat américain de Benghazi, en Libye, au cours de laquelle quatre Américains, dont l'ambassadeur des États-Unis en poste à Tripoli ont été tués[56]. Aucune poursuite n'a été engagée contre Hillary Clinton. Il est vraisemblable qu'aucune poursuite ne sera engagée contre elle tant que Barack Obama sera Président, et Loretta Lynch ministre de la justice.

La clé de voûte des institutions est la Cour Suprême, chargée de veiller sur le respect de la Constitution et des principes du droit : elle a pouvoir de casser toute loi, tout décret, toute décision de justice. Elle ne s'est quasiment jamais prononcée contre une loi voulue par Obama ou contre un décret signé par lui. Elle a, de toute façon, changé pendant la présidence Obama.

Les membres de la Cour Suprême, appelés *justices*, sont neuf, et nommés à vie. Une position de *justice* ne devient vacante que si l'un des neuf *justices* meurt ou démissionne. Bien que leur rôle soit précisément défini, les *justices* sont porteurs d'orientations claires : certains sont adeptes du respect strict

---

53 www.frontpagemag.com/fpm/237871/arrogance-eric-holder-matthew-vadum ; www.nationalreview.com/article/382431/impeach-holder-joel-gehrke.

54 www.nationalreview.com/article/417344/lynch-vs-constitution-andrew-c-mccarthy

55 www.nationalreview.com/article/424609/nsa-chief-clintons-private-server-was-opportunity-foreign-spies-brendan-bordelon ; www.bloomberg.com/politics/articles/2015-09-22/fbi-said-to-recover-personal-e-mails-from-hillary-clinton-server; uk.businessinsider.com/fbi-hillary-clinton-email-investigation-2016-1?r=US&IR=T

56 www.nationalreview.com/article/426289/hillary-clinton-obama-benghazi-lie

des textes, d'autres sont ouverts à une interprétation de ceux-ci et réputés « progressistes ». En 2009, une position de *justice* a été vacante, puis ce fut une autre en 2010 : Obama a nommé ainsi deux *justices*, d'orientation nettement « progressiste », Sonia Sotomayor en 2009[57], et Elena Kagan en 2010[58]. Les *justices* sont nommés par le Président et la nomination doit être ratifiée par le Congrès : dans les deux cas, le Congrès a ratifié. Et dans les deux cas, les Républicains, apparemment résignés, ou soumis, n'ont pas émis d'objections. Le décès d'Antonin Scalia le 13 février 2016 a offert à Obama la possibilité de nommer un troisième *justice* « progressiste », ce qui, si le Congrès cédait, permettrait à Obama de verrouiller la Cour Suprême dans une direction « progressiste » pour longtemps. Antonin Scalia était souvent présenté aux États-Unis comme une sorte de dernier rempart contre le « progressisme »[59], qui, au nom du « progrès », fait souvent peu de cas de la Constitution : le rempart n'est plus là.

Obama, pendant sa présidence a, en outre, ébranlé quelques-uns des principaux piliers de l'ordre établi aux États-Unis.

Il est intervenu verbalement plusieurs fois, dans des dossiers où une intervention de la police avait donné lieu à un litige : en prenant position contre la police, sans prendre connaissance des données, sans attendre que la justice ait fait son travail[60].

Il a, à plusieurs reprises, et dans plusieurs de ces dossiers, tenu des propos présupposant l'existence de racisme au sein de la police, avant même toute enquête.

---

57 townhall.com/columnists/tomtancredo/2009/07/31/sotomayors_ties_to_la_raza/page/full

58 townhall.com/columnists/dickmorrisandeileenmcgann/2010/07/21/kagan_promoted_shariah_law_at_harvard/page/full ; www.freerepublic.com/focus/news/2522559/posts

59 www.nationalreview.com/article/431339/antonin-scalia-rule-law ; http://www.forbes.com/sites/johnzogby/2016/02/13/antonin-scalia-the-giant-of-the-supreme-court-has-passed/#188ac48a7d5c.

60 www.washingtontimes.com/news/2015/aug/31/police-wait-for-obama-support-as-rhetoric-turns-ag/?page=all

Il a ainsi remis en cause l'autorité de la police, et contribué à accroître les tensions raciales au sein du pays[61].

Des émeutes ont eu lieu à plusieurs reprises, et à chaque fois que des émeutes ont éclaté, il a manifesté de la « compréhension » pour la « révolte » des émeutiers, leur demandant tout juste de cesser les violences. Les destructions occasionnées par les violences n'en ont pas moins eu lieu[62].

Les forces de police ainsi incriminées ont, montrent des enquêtes, adopté un comportement de retrait. Le nombre des crimes violents, agressions ou meurtres, a nettement augmenté au cours des sept dernières années. Dans les villes où le comportement de retrait des forces de police a été particulièrement net, l'augmentation des crimes violents a été particulièrement nette. Au cours de l'année 2015, le nombre de crimes violents s'est accru par rapport à l'année précédente de 54 pour cent à Washington, D.C., 33 pour cent à Baltimore et Saint-Louis, de 19 pour cent à Chicago[63].

Des organisations extrémistes noires ont appelé au meurtre de policiers, ainsi *Black Lives Matter*[64]. Et des policiers en nombre sans précédent ont été assassinés de sang-froid, en 2014 et 2015[65].

Obama n'a pas dit un mot à l'encontre des organisations extrémistes noires qui ont appelé au meurtre de policiers.

Il n'a pas dit un mot à l'encontre de ces organisations lorsque des policiers ont été assassinés de sang-froid.

---

61 http://www.nationalreview.com/article/227946/promoting-racial-paranoia-heather-mac-donald

62 www.telegraph.co.uk/news/worldnews/northamerica/usa/11039729/Ferguson-riots-have-left-a-deep-wound-across-America-Missouri-governor-says.html; http://www.politico.com/story/2015/04/baltimore-riots-larry-hogan-117414.

63 www.breitbart.com/big-government/2015/12/31/homicides-increase-54-washington-d-c/; http://www.nytimes.com/2015/09/01/us/murder-rates-rising-sharply-in-many-us-cities.html?_r=0.

64 townhall.com/tipsheet/katiepavlich/2015/09/02/exposing-black-lives-matter-for-what-it-is-promotion-of-cop-killing-n2046941. Black Lives Matter est un movement noir gauchiste violent né en 2013.

65 www.odmp.org/search/year

Il a, au contraire, lors d'un forum organisé à la Maison Blanche sur la réforme de la justice, défendu la légitimité de ces organisations et dit qu'elles traitaient de « problèmes qui touchent la communauté afro-américaine qui ne touchent pas d'autres communautés »[66].

Le Président nomme le *Commissioner of Internal Revenue*, qui dirige *l'Internal Revenue Service* (IRS), les services fiscaux du pays. Barack Obama a nommé à ce poste, successivement, des gens qui ont contribué activement à sa campagne de 2008. *L'Internal Revenue Service* a, en 2011 et 2012, demandé à ses agents de mener certaines procédures visant des organisations et groupes conservateurs[67], ce qui a constitué une violation préoccupante du principe de neutralité et d'indépendance censés guider l'IRS. Une commission d'enquête du Congrès a été mise en place là encore, et a procédé à des investigations, recueilli des témoignages : les dissimulations de preuve et les parjures se sont multipliés[68]. Il n'y a pas eu de conséquence, et pas de mise en examen, bien sûr. L'enquête est remontée jusqu'à Lois Lerner, qui dirigeait l'unité chargée du statut fiscal des organisations politiques et culturelles : le 23 octobre 2015, le Ministère de la justice a déclaré officiellement qu'aucune charge ne serait retenue contre elle[69]. Lois Lerner et John Koskinen, le *Commissioner of Internal Revenue* qui supervisait les actions et décisions de Lois Lerner ont été accusés de « mépris pour le Congrès »[70], en vain.

Les flux migratoires venus d'Amérique Latine, après avoir brièvement marqué le pas en 2008-2009, se sont nettement accrus ensuite : la frontière entre les États-Unis et le Mexique est restée très poreuse. Obama a mis son veto à tout projet émanant du Congrès visant à renforcer les contrôles[71]. Il a signé des décrets destinés à protéger la plupart des immigrants illégalement présents sur le territoire des États-Unis et à freiner l'action de l'ICE (*Immigration*

---

66 time.com/4084113/obama-on-black-lives-matter-the-black-community-isnt-making-this-up/

67 www.washingtontimes.com/news/2015/oct/25/irs-tea-party-targeting-accusations-legal-issues-p/?page=all

68 www.judicialwatch.org/blog/category/irs-scandal/

69 edition.cnn.com/2015/10/23/politics/lois-lerner-no-charges-doj-tea-party/

70 www.judicialwatch.org/press-room/press-releases/federal-judge-threatens-to-hold-irs-commissioner-doj-lawyers-in-contempt-of-court-over-lerner/

71 www.washingtontimes.com/news/2014/jul/30/obama-vows-veto-house-border-bill/?page=all

and Customs Enforcement)[72]. Le nombre de « villes sanctuaires » (*sanctuary cities*), villes où le maire est démocrate et demande à la police de la ville de protéger les immigrants illégaux présents sur le territoire de la ville contre toute intervention d'une agence fédérale, même lorsque les immigrants illégaux concernés sont coupables de crime et devraient, selon les lois fédérales, être expulsés du pays de manière immédiate, ou placés en détention, s'est accru depuis 2009. Elles sont 340 aujourd'hui[73].

Obama n'a jamais demandé que les lois fédérales soient appliquées dans les « villes sanctuaires », même lorsqu'il a été avéré que des « villes sanctuaires » ont abrité des gens qui se sont rendus coupables de meurtre sur le territoire américain.

Il a, par contre, fait transmettre à tous les bureaux de l'USCIS (*United States Citizenship and Immigration Services*) des directives aux fins de faciliter et d'accélérer l'accès des immigrants illégaux à la citoyenneté[74] : ceux-ci sont douze millions aujourd'hui. Des centaines de milliers d'entre eux sont d'ores et déjà devenus américains. La plupart de ceux qui ne sont pas encore américains sont, les recensements le montrent (les immigrants illégaux sont comptés lors des recensements), à même d'être classés comme pauvres[75].

Des tueries ont eu lieu aux États-Unis pendant les années Obama, plus nombreuses qu'au cours des années précédentes. Elles ont toutes eu lieu dans des *gun free zones*, des lieux où le port d'armes est interdit. Barack Obama n'a pas une seule fois, à l'occasion d'une tuerie, évoqué la responsabilité des criminels. Il a, à chaque fois, incriminé les armes à feu, et le droit de porter des armes, en ajoutant qu'il voulait tout faire pour restreindre celui-ci et pour aller vers la transformation du pays entier en une *gun free zone*[76]. Il n'a pas évoqué explicitement et sans circonlocutions verbales la nécessité d'en finir totalement avec le droit de porter des armes : celui-ci est inscrit dans le Deuxième amendement à la Constitution, et quand bien même il a dit plu-

---

72 www.nationalreview.com/article/425564/are-sanctuary-cities-new-confederates-victor-davis-hanson

73 www.washingtonpost.com/opinions/no-free-lunch-the-risks-of-sanctuary-cities/2015/07/22/35748a72-308d-11e5-8353-1215475949f4_story.html

74 www.wnd.com/2015/09/obama-rushing-to-bestow-citizenship-on-immigrants/

75 www.pewhispanic.org/2009/04/14/a-portrait-of-unauthorized-immigrants-in-the-united-states/

76 www.realclearpolitics.com/articles/2016/01/10/is_obama_a_threat_to_the_2nd_amendment_129259.html

sieurs fois que la Constitution était un inconvénient et a sauté plusieurs fois par-dessus l'inconvénient, il n'est pas allé jusqu'à toucher directement à la Constitution. Il n'en est pas moins clair qu'il penche vers la volonté d'abolir le droit de porter des armes. Les bases militaires américaines, tout comme les centres de recrutement de l'armée, sont, depuis 1993, sur décision de Bill Clinton, des *gun free zones*[77] : c'est ce qui explique que le tueur qui a agi à Fort Hood au Texas le 5 novembre 2009 a pu, sur une base militaire, tuer des soldats désarmés et qu'il ait fallu plusieurs minutes pour qu'il soit mis hors d'état de nuire[78]. C'est ce qui explique qu'une tuerie du même type a pu avoir lieu à Chattanooga, dans le Tennessee, le 16 juillet 2015[79].

Il n'a pas une seule fois au cours de ses deux mandats évoqué la principale source d'homicides aux États-Unis : les activités des gangs qui sévissent dans nombre de quartiers noirs[80]. Il n'a évoqué la mort de jeunes Noirs que lorsque ceux-ci se confrontaient à la police ou à un vigile, et que la police ou le vigile se défendait[81]. Les centaines de jeunes Noirs tués par d'autres Noirs membres de gangs n'ont pas suscité son intérêt un seul instant.

Il n'a, pas une seule fois au cours de ses deux mandats, bien que plusieurs attentats islamiques aient eu lieu sur le sol américain, et qu'un nombre plus grand encore d'attentats islamiques aient été déjoués par la police fédérale, bien que, aussi, des Américains aient été décapités au couteau en Syrie par des islamistes et que leur décapitation ait été filmée, parlé de « terrorisme islamique » ou d'Islam radical[82]. Il ne l'a pas fait, même, après la tuerie terroriste survenue à San Bernardino, en Californie, le 2 décembre 2015. Il ne

77 www.breitbart.com/national-security/2013/09/17/when-military-gun-free/

78 www.washingtonpost.com/wp-srv/special/nation/fort-hood.html

79 www.tennessean.com/story/news/2015/07/16/active-shooter--chattanooga-military-facility/30240535/

80 www.breitbart.com/big-government/2015/11/28/5-devastating-facts-black-black-crime/

81 nypost.com/2015/04/28/obama-deaths-of-black-men-by-police-a-slow-rolling-

82 www.politifact.com/texas/article/2015/nov/30/barack-obama-hasnt-said-radical-islamic-terrorism/

l'avait, il est vrai, pas fait après l'attaque à la bombe contre le marathon de Boston, le 15 avril 2013[83].

Il n'a, tout au long de ses deux mandats, tenu des propos critiques qu'à propos d'une religion et une seule : le Christianisme. Et, le 5 février 2015, lors d'un *National Prayer Breakfast*, événement organisé chaque année à Washington, D.C., par des mouvements chrétiens, il est allé, pour exonérer l'Islam, jusqu'à incriminer le Christianisme pour les Croisades, l'Inquisition et l'esclavage[84].

Obama a espéré modifier le pays, électoralement parlant. Il n'y est pas pleinement parvenu.

Il a néanmoins obtenu quelques résultats.

La collusion accrue entre grandes entreprises et gouvernement fait tomber davantage d'argent dans les caisses du parti démocrate, ce qui constitue un avantage net pour celui-ci. Les plus pauvres, lorsqu'ils votent, ont tendance à voter pour qui leur accorde des allocations, et le fait que leur nombre grandit est un atout pour les démocrates. Le fait que, par les naturalisations d'immigrants illégaux, le nombre de membres de la minorité hispanique augmente et que, comme les autres minorités, les Hispaniques votent massivement démocrate est aussi un atout pour les démocrates ; les naturalisations ultérieures sont à même de renforcer cet atout.

Il n'a pu éviter que les deux chambres du Congrès basculent du côté républicain, et que plusieurs États élisent des gouverneurs républicains (31 États sur 50 ont, présentement, des gouverneurs issus du Parti républicain[85]), mais le fait que les grandes entreprises qui travaillent avec son administration fi-

---

83 www.whitehouse.gov/the-press-office/2015/12/03/statement-president-shooting-san-bernardino-california www.washingtontimes.com/news/2013/apr/16/obama-calls-boston-marathon-bombings-act-terror/. Voir aussi: http://freebeacon.com/issues/there-have-been-six-successful-acts-of-islamic-terrorism-on-american-soil-since-911/. Sur l'attentat de Boston: www.frontpagemag.com/fpm/254727/boston-marathon-jihad-murderer-tsarnaev-guilty-robert-spencer. L'attentat commis par les frères Tsarnaev lors du marathon de Boston, le 15 avril 2013, fut le pire acte de terreur islamique sur le sol américain depuis le 11 septembre 2001.

84 www.washingtonpost.com/politics/obamas-speech-at-prayer-breakfast-called-offensive-to-christians/2015/02/05/6a15a240-ad50-11e4-ad71-7b9eba0f87d6_story.html

85 www.politico.com/story/2015/11/republican-governors-association-winning-streak-216000

nancent aussi le parti républicain a contribué à ce que l'appareil républicain a modéré son discours, jugulé les courants les plus remuants, freiné les effets du soulèvement incarné par les *tea parties* en 2009 et 2010, désigné au poste de *Speaker of the House*, Président de la Chambre des Représentants quand celle-ci a basculé du côté républicain, puis dirigeant de la majorité républicaine du Sénat quand le Sénat a basculé du côté républicain, des gens conciliants, voire très conciliants. John Boehner, *Speaker of the House* depuis 2011 a été poussé à la démission par une coalition de représentants républicains, lassés des compromissions auxquelles il s'était livré, en octobre 2015[86]. Paul Ryan, qui lui a succédé, se conduit, pour l'heure, comme John Boehner s'était conduit avant lui[87].

La présence d'immigrants illégaux comptés dans les recensements renforce l'avantage que les démocrates ont depuis des années dans le collège électoral, qui élit le Président des États-Unis : l'élection est indirecte. Le candidat qui a la majorité dans un État emporte cet État et obtient la totalité des grands électeurs de cet État. Gagner une élection présidentielle américaine implique d'obtenir une majorité de grands électeurs. Le nombre de grands électeurs dans chaque État est égal à l'addition du nombre de Sénateurs de cet État (deux pour chaque État), et du nombre de représentants, qui, lui, est proportionnel au nombre d'habitants de l'État. Le nombre de représentants reste fixe, 435, et un État qui perd de la population peut élire moins de représentants, donc désigner moins de grands électeurs, un État qui gagne de la population peut élire davantage de représentants, donc désigner plus de grands électeurs.

Des États ont, au cours des dernières décennies, vu leur population s'accroître par un accroissement du nombre de citoyens appartenant à des minorités, ce qui les a fait passer d'une majorité républicaine à une majorité démocrate (ainsi la Californie[88]). Ces États étant ceux qui comptent le plus grand nombre de villes sanctuaires, ils comptent le plus grand nombre d'immigrants illégaux (comptés lors des recensements) et voient donc augmenter

86 www.forbes.com/sites/susanadams/2015/09/29/boehners-resignation-is-speaker-of-the-house-an-impossible-leadership-job/#7b51f0eb5fa6

87 hotair.com/archives/2015/12/17/paul-ryans-terrible-horrible-no-good-very-bad-omnibus-bill/

88 www.sfchronicle.com/news/article/GOP-candidates-leaving-Democratic-leaning-6678360.php

leur nombre de représentants, et leur nombre de grands électeurs lors d'une élection présidentielle[89].

Quand Obama a été sur le point d'être élu, en 2008, il a promis de « transformer fondamentalement » les États-Unis.[90]

C'est, tout bien considéré, ce qu'il a fait.

Il était porté par un mouvement né de la contre-culture des années 1960, qui voulait, précisément, changer fondamentalement les États-Unis. Ce mouvement, pour l'essentiel, est parvenu à ses fins.

Obama était, à l'intérieur du mouvement, un membre de l'aile la plus extrême de celui-ci, celle inspirée par Saul Alinsky et incarnée par Bill Ayers ou Bernardine Dohrn, les fondateurs du *Weather Underground*[91]. Avec lui, cette aile la plus extrême est elle-même parvenue à ses fins.

Le mouvement né de la contre-culture des années 1960 a avancé graduellement, infiltré et pris en main les universités et le système scolaire, le secteur de la culture, les médias, le Parti démocrate.

L'aile la plus extrême en lui a pratiqué un travail d'infiltration au sein de l'infiltration.

Un homme tel qu'Obama n'aurait pu parvenir à la présidence sans l'infiltration, et sans l'infiltration dans l'infiltration.

Un candidat qui, il y a une trentaine d'années, aurait eu le passé d'Obama aurait été évincé dès le moment des élections primaires. Des articles seraient parus dans la grande presse sur ses liens avec des gauchistes très hostiles à tout ce que sont et à tout ce qu'ont incarné les États-Unis depuis des décennies. Peu d'articles sont parus sur ces sujets dans la grande presse : le travail d'infiltration fait qu'elle ne joue plus du tout pleinement son rôle d'in-

---

89 earthsky.org/human-world/how-does-u-s-census-count-the-homeless-and-undocumented-immigrants

90 www.nationalreview.com/article/359967/obama-transforming-america-victor-davis-hanson

91 www.foxnews.com/transcript/2012/01/25/what-connection-between-obama-and-saul-alinsky/

formation. Et ce qui vaut pour la grande presse vaut aussi pour la radio et la télévision.

Lorsque des éléments du passé d'Obama ont affleuré néanmoins, ils ont vite disparu des débats.

Obama a été élu.

Nombre de ceux qui ont voté pour lui en 2008 ne savaient pas pour qui ils votaient, et se disaient qu'ils votaient pour un Noir charismatique qui semblait adoré par le monde entier. Ils ne savaient pas, pour la plupart, quel « changement fondamental » allait survenir.

Un Président qui, il y a une trentaine d'années, se serait présenté pour être réélu avec un bilan tel que celui d'Obama en 2012 aurait été sévèrement battu.

Obama a été réélu.

Ceux qui ont voté pour lui en 2012 l'ont réélu, malgré le bilan qui était déjà le sien. Obama n'était plus adoré par le monde entier, mais la grande presse américaine n'a pas fait davantage qu'en 2008 son travail d'information. Ce qui vaut pour la grande presse vaut aussi pour la radio et la télévision. Le changement fondamental était en marche.

En l'instant où j'écris ces lignes, le changement fondamental est toujours en marche.

Le pays que laissera Obama lorsqu'il quittera la Maison Blanche pourra sembler être le même que celui qu'il aura trouvé au moment de son élection en novembre 2008.

Ce ne sera pas le même pays.

Ce sera un pays traversé de fractures et de délitements, marqué par l'asphyxie infligée, par la prolifération réglementaire, et par l'exacerbation du *corporate welfare* : un pays où des riches seront plus riches, mais où les classes moyennes seront vacillantes et où le nombre de pauvres se sera accru. Ce sera un pays où les valeurs essentielles, mais aussi les institutions, seront ébranlées, un pays où les divisions entre Noirs et Blancs auront été aiguisées et où la violence aura monté.

Ce sera, je l'ai noté, un pays où les mentalités auront changé : non seulement l'attachement à la liberté individuelle et la réticence face à la redistribution ont reflué, mais l'irrespect des institutions par celui qui devrait les respecter le plus et l'ébranlement de piliers de l'ordre établi par celui qui devrait en être le garant, et, en outre, l'échec de la révolte contre cet irrespect et cet ébranlement, ont laissé des traces aux allures, parfois, de résignation.

Ce sera un pays amoindri, diminué.

Si un redressement se dessine, ce qui impliquerait qu'un Président républicain rompant avec la conciliation soit élu, ce redressement sera difficile, très difficile à mener à bien.

Si ce qui prend place vient continuer ce qui est enclenché, la perspective d'un redressement ultérieur sera très compromise.

L'avenir semblait sombre, déjà, en 2012. Il s'est considérablement assombri.

Si un démocrate est élu, tous les engrenages déjà en marche continueront à tourner.

On parlera toujours des États-Unis comme d'un pays capitaliste, ce sera un abus de langage : les États-Unis ne sont, dès à présent, plus vraiment un pays capitaliste. L'économie mixte qui se met en place n'est plus vraiment du capitalisme. Une poursuite du passage à l'économie mixte romprait avec le capitalisme.

On parlera des États-Unis comme d'un pays de droit. Ce sera aussi un abus de langage. Les États-Unis ont, dès à présent, un Président et une administration qui violent le droit. Une poursuite des violations du droit romprait avec ce qui a fait des États-Unis un pays de droit et en ferait un pays au droit chancelant.

Un homme tel qu'Obama ne serait jamais parvenu à la présidence il y a trente ans. Il n'aurait été ni élu ni réélu.

Un continuateur d'Obama à la Maison Blanche, il y a trente ans, aurait été impensable.

Un continuateur (ou une continuatrice) d'Obama à la Maison Blanche est aujourd'hui tout à fait pensable.

En 2008 encore, aucun candidat, même démocrate, n'aurait pu se dire socialiste : en 2016, cela se fait. Bernie Sanders, sénateur du Vermont, explicitement socialiste, est candidat à la présidence, et attire des dizaines de milliers d'électeurs enthousiastes[92].

En 2008, et même en 2012, aucun candidat, même démocrate, n'aurait repris explicitement le slogan d'une organisation extrémiste qui a pu appeler à l'assassinat de membres des forces de l'ordre. En 2016, cela se fait aussi : tous les candidats démocrates se rangent derrière *Black Lives Matter*[93].

En 2008, et même en 2012, aucun candidat, même démocrate, n'aurait dit que le principal danger qui pèse sur le monde est le « réchauffement climatique ». En 2016, cela se fait, là encore : tous les candidats démocrates disent que le principal danger est le « réchauffement climatique ».

En 2008, et même en 2012, aucun candidat, même démocrate, n'aurait pu faire campagne sans parler de liberté. En 2016, aucun candidat démocrate ne parle de liberté. Les candidats républicains eux-mêmes ne parlent pas tous de liberté.

Les États-Unis ont, pendant des décennies, qu'ils soient dirigés par des Démocrates ou des Républicains, incarné des valeurs et une vision du monde.

Pourraient-ils survivre s'ils n'incarnaient plus ces valeurs et cette vision du monde ?

---

92 www.washingtonpost.com/news/post-politics/wp/2015/12/31/as-2015-winds-down-bernie-sanders-points-to-crowd-sizes-as-sign-of-strength-for-2016/

93 www.breitbart.com/big-government/2015/10/21/democrats-support-black-lives-matter-presidential-town-hall/

2. APRÈS L'AMÉRIQUE

New York. 11 septembre 2015. Il ne reste aucune trace des attentats qui ont frappé la ville et détruit l'ancien World Trade Center, il y a quatorze ans. Un mémorial a été construit. Un musée s'est ouvert. Un nouveau World Trade Center dresse ses tours vers le ciel. Son point le plus haut s'élève à 1776 pieds, le chiffre est symbolique et renvoie à l'année à laquelle a été promulguée la Déclaration d'indépendance. Chaque année, une cérémonie a lieu au cours de laquelle les noms des trois mille victimes du pire attentat terroriste commis sur la planète sont lus. Des chants funèbres montent dans l'atmosphère. Les familles sont présentes, mais aussi le maire, des membres du gouvernement, parfois le Président.

Ce fut, en 2001 un choc immense et dévastateur. Outre les deux avions précipités contre le World Trade Center, un autre avion s'est écrasé contre le Pentagone, un quatrième visait une cible à Washington, D.C., vraisemblablement la Maison Blanche. Des hommes ordinaires, discernant qu'ils allaient perdre la vie, mais qu'ils pouvaient éviter une pire tragédie que leur propre mort ont tenté de mettre les terroristes qui en avaient pris le contrôle hors d'état de nuire : le quatrième avion s'est écrasé dans un champ de Pennsylvanie, à proximité de Shanksville, Somerset County.

Il y eut de la douleur, mais aussi de l'unité, du courage, de la détermination, une volonté quasiment unanime au sein du peuple américain d'affirmer que le pays ferait front, montrerait au monde ce qu'est l'Amérique, défendrait les valeurs et les idéaux de l'Amérique. Des gestes d'entraide et de fraternité s'étaient multipliés. Des slogans avaient émergé. Des drapeaux sur lesquels il était écrit : *these colors don't run* ces couleurs ne s'effacent pas.

Il reste la douleur. L'unité, elle, n'est plus vraiment au rendez-vous. Nombre d'Américains se souviennent à peine de ce qui s'est passé le 11 septembre de l'année 2001. D'autres ne veulent pas se souvenir.

Le courage n'a pas disparu dans le pays, la détermination et la volonté de faire front, elles, ne sont plus là, ou plus vraiment. Les valeurs et les idéaux de l'Amérique sont encore préservés comme un bien précieux par des millions d'Américains, mais semblent perdre de l'importance pour des millions d'autres.

Il y a eu des attentats terroristes aux États-Unis, mais aucun, pas même celui qui a frappé Boston un jour de marathon en avril 2013, n'a marqué le pays d'une manière suffisamment intense pour qu'un sursaut s'opère.

Une lassitude s'est installée. Un désenchantement. Un délitement.

Les États-Unis restent, militairement, la première puissance du monde, et demeurent, en matière de technologie et de sophistication de l'armement, très en avance par rapport à toutes les autres armées que peut compter la planète, mais la puissance militaire américaine s'est élimée ces dernières années. L'avance des États-Unis en matière de technologie et de sophistication de l'armement n'est plus ce qu'elle était.

La sécurité du pays n'est plus une préoccupation majeure pour une large part de la population. L'idée que les États-Unis doivent veiller sur la sécurité du monde et que la sécurité intérieure des États-Unis dépend de leur aptitude à veiller sur la sécurité du monde est moins présente dans les esprits.

Nombre d'Américains sont davantage préoccupés par les difficultés économiques du pays et pensent, surtout, qu'il y a eu trop d'engagements extérieurs des États-Unis ces dernières années, et que ces engagements ont été menés en vain, ont conduit à des défaites et à des morts inutiles.

Le pays se porte mal, aussi, sur le plan de sa défense, et de son aptitude à assumer encore son statut, sa place sur la planète, le rôle qu'il a joué pendant des décennies.

Ce qui est présenté, souvent, comme un processus inéluctable n'a, à bien y regarder, rien d'inéluctable, et est, comme en matière d'économie, le résultat de décisions politiques et celui d'un long travail de sape commencé il y a longtemps.

Ce travail était là, déjà, dans les années de la guerre du Vietnam. Il avait conduit à la façon dont la guerre avait été menée à l'époque, à la manière dont elle avait été décrite, à l'enlisement, puis à la débâcle et à la chute de Saigon. Il avait débouché sur l'élection de James Carter, sur l'arrivée au pouvoir de Khomeiny en Iran, sur la prise d'otages américains promenés humiliés dans les rues de Téhéran, sur l'invasion de l'Afghanistan par les Soviétiques, sur l'humiliation du pays, sur une lassitude déjà. Puis il y avait eu Ronald Reagan, qui parla de « rêves héroïques », de redressement[94]. Il y avait eu la fin de la « guerre froide », et la victoire des États-Unis, des discours parlant de « nouvel ordre du monde »[95]. Il y avait eu la présidence de George Herbert Walker Bush qui sembla le continuateur de Ronald Reagan, puis se révéla décevant ; la présidence ensuite de Bill Clinton qui affirma incarner l'espoir et un monde en paix[96]. Il y avait eu, au nom de la paix, une diminution considérable des dépenses militaires, qui passèrent de 6% du budget fédéral en 1991 à 3,8% en 1994[97], un renforcement de la séparation entre les activités de renseignement de la CIA, menées à l'extérieur du pays, et celles du FBI, menées à l'intérieur du pays[98]. Il y avait eu la négation de l'existence encore de dangers et de la nécessité de maintenir une vigilance.

Il y avait eu l'attaque contre le World Trade Center (déjà) en 1993, puis celles menées contre des ambassades américaines à Dar-es-Salam, Tanzanie, et à Nairobi, Kenya, et une absence presque complète de riposte[99].

Les États-Unis étaient censés ne plus avoir d'ennemi, n'avoir plus vraiment à monter la garde.

Quand George Walker Bush fut élu en 2000, il fut traité d'emblée comme un perturbateur et comme un Président illégitime[100]. Qu'il puisse envisager d'augmenter à nouveau les dépenses militaires et revenir sur la séparation des activités de la CIA et du FBI lui valut des réactions hostiles, puis très hostiles.

Quand les attentats du 11 septembre 2001 eurent lieu, l'hostilité à son encontre se trouva suspendue. Mais le suspens ne dura que quelques mois[101].

L'hostilité revint assez vite.

---

94 http://www.presidency.ucsb.edu/ws/?pid=43130
95 http://www.presidency.ucsb.edu/ws/?pid=19253
96 http://www.presidency.ucsb.edu/ws/?pid=25958
97 articles.latimes.com/1993-03-27/news/mn-15800_1_defense-budget
98 archive.frontpagemag.com/readArticle.aspx?ARTID=7515
99 edition.cnn.com/2013/11/05/us/1993-world-trade-center-bombing-fast-facts/ ; http://edition.cnn.com/2013/10/06/world/africa/africa-embassy-bombings-fast-facts/
100 www.digitalhistory.uh.edu/disp_textbook.cfm?smtID=2&psid=3377
101 www.911memorial.org/911-primary-sources

Le Congrès déclara la guerre contre le régime taliban en Afghanistan le 14 septembre 2001, de manière presque unanime[102]. Il déclara la guerre au régime de Saddam Hussein en Irak le 16 octobre 2002, de manière moins unanime[103].

Des campagnes contre la guerre émergèrent et montèrent en puissance.

George Walker Bush avait, dès la fin du mois de septembre 2001, énoncé une stratégie. Il fut de moins en moins écouté. Il avait parlé de « guerre contre le terrorisme » [104]. Il devint de moins en moins audible.

Il avait rappelé ce qui séparait la démocratie du totalitarisme, et le bien du mal[105]. Il ne fut pas entendu.

Il avait déclaré que la guerre devrait durer le temps que passe une génération et devrait être menée jusqu'à la victoire, sans quoi les conséquences serait délétères. Il ne fut pas entendu non plus[106].

Barack Obama avait incarné l'opposition à la guerre et fut élu, aussi, parce qu'il promettait de mettre fin à la guerre, et le « changement » qu'il promettait était aussi ce changement-là[107].

Une fois à la Maison Blanche, il transmit rapidement des messages au monde.

Il envoya Hillary Clinton parler de recommencement et de « nouveau départ » aux autorités russes et chinoises[108]. Il s'excusa de la puissance et de l'« arrogance » américaines auprès des dirigeants des cinq continents[109].

---

102 www.cfr.org/afghanistan/us-war-afghanistan/p20018
103 www.cbsnews.com/news/congress-says-yes-to-iraq-resolution/
104 www.crf-usa.org/war-in-iraq/bush-doctrine.html
105 www.nationalreview.com/article/207991/911-george-w-bush-gleaves-whitney
106 www.nationalreview.com/article/346590/ws-legacy-nro-symposium
107 www.cfr.org/elections/obamas-speech-iraq-march-2008/p15761
108 uk.businessinsider.com/hillary-clinton--russia-and-the-reset-2015-6?r=US&IR=T
109 www.telegraph.co.uk/news/worldnews/barackobama/5100338/Barack-Obama-arrogant-US-has-been-dismissive-to-allies.html

Il écarta la notion de « guerre contre le terrorisme » pour la remplacer par *overseas contingency operations* (opérations de contingence à l'étranger[110]), et parce que George Walker Bush avait pu déclarer que la guerre contre le terrorisme était menée contre le djihadisme, il tint à souligner que les États-Unis n'étaient pas et ne seraient « jamais en guerre contre l'Islam »[111].

Il se rendit à Ankara, dès le mois d'avril, pour dire à Erdogan que la Turquie pouvait suivre sa propre voie[112], puis, deux mois plus tard, au Caire, le 4 juin 2009, pour dire, depuis l'université Al-Azhar, principal lieu de formation d'imams sur terre, que la communauté des croyants pouvait elle-même suivre sa propre voie telle que prescrite par le « Saint Coran », et trouverait les États-Unis à ses côtés[113].

Il fit mener en sous-main des négociations avec les Frères Musulmans dans le monde sunnite, et avec les mollahs iraniens dans le monde shiite[114].

Il parla de « mettre fin » à la guerre, comme il l'avait promis.

Quand des soulèvements eurent lieu en Tunisie, il appuya les soulèvements, et exigea le départ du dictateur, Zine Ben Ali, puis le retour à Tunis des dirigeants d'Ennahda, parti islamiste, qui arriva ensuite au pouvoir[115]. Quand des soulèvements eurent lieu en Egypte, il se comporta de la même façon, exigea le départ du dictateur, Hosni Moubarak, appuya le retour de dirigeants des Frères Musulmans, et l'élection à la présidence de Mohamed Morsi, membre des Frères Musulmans[116].

---

110 www.weeklystandard.com/obama-renames-the-war-on-terror/article/28221

111 www.jihadwatch.org/2014/09/obama-at-the-un-united-states-is-not-and-never-will-be-at-war-with-islam-islam-teaches-peace

112 www.heritage.org/research/reports/2009/04/obama-in-ankara-turkeys-dangerous-drift

113 www.whitehouse.gov/the-press-office/remarks-president-cairo-university-6-04-09

114 www.frontpagemag.com/fpm/143836/muslim-brotherhood-obama-administration-frank-gaffney ; www.theguardian.com/world/2009/jan/21/barack-obama-iran-negotiations

115 townhall.com/columnists/austinbay/2014/10/29/tunisia-from-arab-spring-to-carthaginian-summer-n1911644/page/full

116 www.washingtonpost.com/opinions/marc-thiessen-obama-blew-it-in-egypt--again/2013/07/08/c0a394e8-e7c5-11e2-a301-ea5a8116d211_story.html

Il se comporta identiquement au Yémen, et obtint le départ d'Ali Abdallah Saleh, le pays glissant ensuite vers un chaos dominé par diverses factions islamistes[117]. Il adopta la même attitude en Libye, où un soulèvement islamiste parti de Cyrénaïque, et appuyé par des bombardements occidentaux, conduisit à l'assassinat du dictateur, Mouammar Kadhafi, et là encore à un chaos dominé par diverses factions islamistes[118]. Il laissa, sans mot dire, le Hezbollah, groupe djihadiste financé et armé par l'Iran, renverser par une révolution de palais le Président du Conseil des Ministres libanais Saad Hariri, le 12 janvier 2011, à un moment où celui-ci était en visite officielle à Washington[119].

Quand des soulèvements eurent lieu en Syrie, il hésita, finit par demander le départ de Bachar Al-Assad[120], sachant fort bien qu'il ne l'obtiendrait pas, car Bachar Al-Assad avait l'appui de l'Iran et de la Russie. Il laissa sans mot dire des groupes islamistes sunnites prendre forme dans les régions sunnites du pays, et contribuer à une atroce guerre civile qui n'a cessé depuis d'accumuler les ruines et les morts.

Quand la date prévue pour un retrait total des troupes de combat en Irak approcha, il se tint à la date, et resta sourd aux propos de tous les membres de l'État major des armées, qui anticipaient que le retrait aboutirait à détruire la stabilité obtenue après cinq années de combat très rude, et qui faisait que le pays était en paix depuis l'été 2008. Il resta sourd aussi aux propos de Robert Gates, Secrétaire à la défense, puis de Leon Panetta, successeur de Robert Gates, qui dirent que si le retrait avait lieu, le pays se fracturerait, et verrait une recrudescence du terrorisme islamique à même de conduire vers la guerre et la terreur[121]. Quand la date arriva, le 31 décembre 2011, le retrait fut effectif[122].

---

117 www.washingtonpost.com/blogs/44/post/obama-administration-weighing-ex-yemen-president-salehs-request-to-enter-us/2011/12/26/gIQAj8VRIP_blog.html

118 https://www.foreignaffairs.com/articles/libya/obamas-libya-debacle ; www.telegraph.co.uk/news/worldnews/barackobama/8849663/Barack-Obama-killing-of-Muammar-Gaddafi-shows-need-for-decorum-with-dead.html. On ne peut exonérer, concernant la Libye, les protagonistes français, Nicolas Sarkozy et Bernard-Henri Levy.

119 www.bbc.com/news/world-middle-east-12170608

120 www.cbsnews.com/news/obama-time-for-assad-to-leave-syria/

121 www.businessinsider.com/gates-panetta-iraq-syria-2014-9?IR=T

122 www.reuters.com/article/us-iraq-withdrawal-idUSTRE7BH03320111218

Obama fixa, dans un discours prononcé le 16 décembre 2010, une date de retrait de toutes les troupes de combat en Afghanistan[123], et enclencha les procédures, censées s'achever en 2014, avant, là, de se raviser, et de différer ses projets.

Il permit à l'État Islamique en Irak et en Syrie (ISIS), né de ce qui restait d'al-Qaida en Irak, organisation largement détruite depuis l'élimination de son chef Musab al-Zarqawi en 2006, de prendre forme dans les régions sunnites de Syrie, passer sous le commandement d'Abou Bakr al-Baghdadi, ancien lieutenant de Zarqawi, emprisonné par l'armée américaine à Camp Bucca (et libéré en 2009)[124], puis de gagner du terrain, de s'emparer de l'essentiel des régions sunnites d'Irak, de se proclamer État Islamique, puis califat[125].

Il élabora, en juillet 2014, une coalition contre l'État Islamique, mais la coalition existe surtout sur le papier, et n'agit que très peu.

Quand des Américains prisonniers de l'État Islamique furent décapités et que leur décapitation, filmée en vidéo et accompagnée d'imprécations contre les États-Unis et d'appels au djihad et au meurtre, fut diffusée dans le monde entier, il présenta, en quelques mots, ses condoléances aux familles, et insista surtout sur le fait que l'État Islamique n'était pas musulman, et que l'Islam était une religion de paix[126].

Il permit à un groupe se réclamant directement d'al-Qaida, Jabhat al-Nusra, d'émerger sur le territoire syrien, et lui offrit même une aide, au nom de ce que c'était un groupe « rebelle »[127].

Il reconnut aux États-Unis globalement un seul et unique ennemi, al-Qaida, qu'il se garda de définir comme une organisation islamique[128], et nul ne souli-

---

123 www.whitehouse.gov/the-press-office/2010/12/16/statement-president-afghanistan-pakistan-annual-review

124 www.thedailybeast.com/articles/2014/06/14/isis-leader-see-you-in-new-york.html

125 www.nationalreview.com/article/386354/how-obama-caused-isis-ira-straus

126 www.breitbart.com/big-government/2014/11/17/obama-isis-beheadings-represent-no-faith-least-of-all-the-muslim-faith/

127 nationalinterest.org/feature/jabhat-al-nusra-syrias-other-menace-14459

128 www.frontpagemag.com/fpm/259758/obamas-betrayals-willfully-supporting-al-qaeda-and-robert-spencer

gna devant lui la contradiction inhérente au fait de désigner al-Qaida comme un ennemi des États-Unis, et d'aider Jabhat al-Nusra en Syrie.

Il fit éliminer Oussama Ben Laden, en mai 2011, mais ce fut un geste symbolique. Ayman al-Zawahiri, principal lieutenant d'Oussama Ben Laden, a remplacé Oussama Ben Laden.

Il signa, en parallèle avec la Russie, en avril 2010, un traité de réduction des armes stratégiques, *New Start* (*Strategic Arms Reduction Treaty*), qui concéda une supériorité à l'armée russe en termes de capacités nucléaires et constitua pour les États-Unis un geste de désarmement unilatéral[129].

En dépit du Mémorandum de Budapest, signé vingt ans plus tôt, en 1994, par lequel les États-Unis s'engageaient à défendre l'intégrité territoriale de l'Ukraine en échange de l'abandon par celle-ci de ses armes nucléaires, Obama laissa la Russie fomenter un soulèvement dans le Donbass, puis annexer la Crimée, en mars 2014, et ne répondit que par quelques sanctions sans poids ni importance[130].

Obama n'a signé aucun accord militaire d'importance avec la Chine, mais n'a rien dit quand la Chine a enclenché une tentative d'annexion de fait des îles Senkaku, au large de l'île de Taïwan, et a commencé à revendiquer activement les îles Paracels et les îles Spratley en mer de Chine du Sud, aux fins de contrôler, par accroissement de la zone constituant les eaux territoriales chinoises, la totalité du trafic maritime en mer de Chine et, donc, les routes commerciales maritimes entre l'Asie Orientale et l'Europe[131]. Il n'a rien dit non plus quand la Chine, pour parachever son emprise, a construit des îles artificielles en mer de Chine du Sud et y a, plus tard, installé des missiles[132].

Il a signé avec la République Islamique d'Iran en juillet 2015 un « accord » qui échange la levée de toutes les sanctions frappant le régime iranien contre des inspections des sites nucléaires iraniens qui ne seront pas des inspections, puisque le régime iranien disposera d'un délai de plusieurs semaines

---

129 www.nationalreview.com/article/253245/threat-new-start-keith-b-payne-tom-scheber

130 www.usatoday.com/videos/news/nation/2015/09/28/72974818/

131 www.aei.org/publication/asias-mediterranean-strategy-geopolitics-and-risk-in-the-seas-of-the-indo-pacific/

132 http://www.nytimes.com/2016/02/17/world/asia/china-is-arming-south-china-sea-island-us-says.html?_r=0

entre le moment où des inspections seront éventuellement décidées et le moment où elles auront lieu, aura le droit d'accepter ou non les inspections, et aura le droit aussi de choisir quels sites seront inspectés, et de quelle façon ils le seront[133]. Il a fait entériner l'« accord » aux Nations Unies par Samantha Power, ambassadrice des États-Unis, ce qui rend les États-Unis partie prenante de l'« accord »[134].

Au présent, la guerre n'a pas cessé, bien au contraire.

Après avoir été gouvernée par un parti islamiste, la Tunisie est présidée par un ancien proche du dictateur déchu, Beji Caid el Sebsi[135] : elle n'a pas basculé, mais reste dans une situation très instable et a subi plusieurs attaques islamistes très sanglantes, au musée du Bardo, sur une plage de Sousse, puis, en mars 2016, à Ben Guerdane, près de la frontière avec la Libye[136].

L'Egypte, après être passée sous la coupe des Frères Musulmans, a été reprise en main par un militaire devenu Président, Abdel Fattah al-Sissi, dans un contexte où les Frères Musulmans, bien que décimés, n'ont pas désarmé, et où l'État Islamique tient une partie de la péninsule du Sinaï[137]. Obama ayant soutenu les Frères Musulmans quand ils ont été au pouvoir et ayant suspendu toute coopération avec l'Egypte lorsqu'Abdel Fattah al-Sissi est arrivé au pouvoir n'est plus à proprement parler un allié des États-Unis, sinon de manière verbale[138].

Le Yémen est en guerre civile, et des factions sunnites s'y confrontent avec des milices chiites, Ansar Allah, ou Houthis (du nom de leur chef, Hussein Badreddine al-Houthi), financées et armées par l'Iran[139].

---

133 www.nationalinterest.org/blog/the-buzz/obamas-folly-the-iran-deal-disaster-13343

134 foreignpolicy.com/2015/07/15/obama-turns-to-u-n-to-outmaneuver-congress-iran-nuclear-deal/

135 www.bbc.com/news/world-africa-30641935

136 www.mirror.co.uk/news/uk-news/isis-terrorist-behind-murder-30-7403659 ; http://www.ft.com/cms/s/0/e7a728be-e445-11e5-a09b-1f8b0d268c39.html#axzz45q8n5xea.

137 www.dw.com/en/sinai-branch-of-islamic-state-reinvents-itself/a-18855138

138 www.al-monitor.com/pulse/originals/2015/10/egypt-us-relations-sisi-visit.html

139 www.breitbart.com/jerusalem/2016/04/08/exclusive-arab-diplomat-iran-exploit-u-s-rift-saudis-fuel-yemen-conflict/

La Libye reste un champ de bataille, et une part importante de ses côtes est désormais entre les mains de l'État Islamique[140]; les armes prises par des groupes islamistes dans les arsenaux de l'ancien régime servent à des milices djihadistes actives dans toute l'Afrique subsaharienne, jusqu'au Nigeria, où l'une d'entre elles, Boko Haram, qui a rejoint l'État Islamique tient la moitié nord du pays et mène des incursions meurtrières dans les pays limitrophes, Tchad, Cameroun, Niger[141].

La Syrie est en état de décomposition avancée. La Russie y intervient directement depuis septembre 2015, pour préserver et consolider la fraction du pays qui reste aux mains de Bachar al-Assad, de Damas à Lattaquié. Elle s'appuie sur ce qui subsiste de l'armée du régime, sur les milices du Hezbollah, sur des Gardes révolutionnaires iraniens envoyés en renfort. Elle s'en prend à Jabhat al-Nusra. Elle s'en prend assez peu à l'État Islamique[142] : parce qu'elle entend préserver les capacités de nuisance de celui-ci, comme un moyen de pression sur l'Arabie Saoudite, les émirats du Golfe, la Jordanie, parce que des éléments de l'État Islamique sont implantés en Russie et dans les républiques musulmanes de la périphérie sud de la Russie, et peuvent recourir au terrorisme sur le territoire russe et frapper ailleurs des intérêts de la Russie, mais aussi parce qu'elle ne veut pas nécessairement voir l'Iran, pourtant allié de la Russie, régner pleinement sur ce qu'il est convenu d'appeler le « croissant chiite », des frontières de l'Afghanistan à Beyrouth[143].

L'Irak est morcelé : le Sud chiite du pays a glissé vers l'Iran et est devenu un protectorat iranien, comme l'État-major de l'armée américaine l'anticipait. Les régions sunnites du pays sont aux mains de l'État Islamique, tout comme les régions sunnites de Syrie, et l'État Islamique tient toujours un territoire équivalent à la surface du Royaume Uni ; quand bien même il a subi quelques revers, il est très loin de la débâcle. Les régions kurdes irakiennes et les régions kurdes syriennes sont en situation d'autonomie de fait.

---

140 www.breitbart.com/national-security/2016/04/09/u-s-commander-islamic-state-jihadists-in-libya-more-than-double-to-up-to-6000/

141 www.rfi.fr/afrique/20151021-niger-attaque-attribuee-boko-haram-zone-diffa ; www.ibtimes.co.uk/boko-haram-cameroon-closes-markets-along-nigeria-border-following-deadly-attacks-1540551

142 www.breitbart.com/national-security/2015/09/30/reports-russian-airstrikes-not-targeting-isis/

143 www.bbc.com/news/world-middle-east-23849587 ; https://rbth.com/defence/2016/04/13/russian-troops-join-syrian-army-in-effort-to-liberate-aleppo_584553

La Turquie régie par Erdogan a pris une tonalité islamique, purgé l'armée des éléments fidèles à la République fondée par Mustafa Kemal, et soutient implicitement l'État Islamique (pas assez aux yeux de celui-ci, qui a frappé Ankara, Istanbul, d'autres villes)[144].

L'Iran se renforce, devient puissance hégémonique régionale, tient, outre Téhéran[145] et Bagdad deux autres capitales, Damas (par l'entremise de Bachar al-Assad) et Beyrouth, par l'entremise du Hezbollah. L'Iran espère tenir tôt ou tard Sana'a au Yémen, par l'entremise des Houthis[146].

L'Arabie Saoudite, les émirats du Golfe, la Jordanie, sont sur la défensive, menacés par l'État Islamique, menacés aussi par l'hégémonie iranienne qui prend forme. Israël est aussi sur la défensive, pour les mêmes raisons.

En intervenant en Syrie, la Russie sauve le régime de Bachar al-Assad, se place en protectrice du régime, se place aussi en protectrice du régime Hezbollah au Liban, renforce son alliance avec l'Iran tout en tenant d'une main ferme le régime iranien, fait comprendre à l'Arabie Saoudite, aux émirats du Golfe, à la Jordanie qui est le maître désormais, qui peut contenir l'État Islamique, et qui peut contenir l'Iran. L'Arabie Saoudite, les émirats du Golfe, la Jordanie reçoivent le message, Israël reçoit aussi le message. La Russie endigue aussi la Turquie d'Erdogan[147].

Après avoir précipité la chute de trois régimes alliés des États-Unis, la Tunisie de Zine Ben Ali, le Yémen d'Ali Abdallah Saleh, et l'Egypte d'Hosni Moubarak, après avoir fait tomber un quatrième régime qui coopérait avec eux depuis 2003, la Libye de Mouammar Kadhafi, après avoir laissé la Syrie se décomposer, les États-Unis n'ont plus pour alliés régionaux que des pays qui se défient d'eux, se sentent lâchés par eux, et peuvent prendre des initiatives contre l'assentiment des États-Unis.

---

144 www.meforum.org/5317/turkey-isis

145 Les émeutes de juin 2009 ont fortement ébranlé le régime, qui a rétabli l'ordre à Téhéran dans un bain de sang : www.nationalreview.com/corner/192005/iran-victory-blood-over-sword-ali-alfoneh

146 www.tabletmag.com/jewish-news-and-politics/188772/nuclear-dreams-lee-smith

147 www.breitbart.com/national-security/2015/11/29/putin-enacts-economic-sanctions-turkey-jet-attack/

L'Arabie Saoudite a ainsi financé en 2013 la prise de pouvoir par Abdel Fattah al-Sissi au Caire et le renversement du régime des Frères Musulmans[148]. Elle a mis en place sa propre coalition contre l'État Islamique et sa propre coalition contre les Houthis au Yémen[149].

L'Arabie Saoudite, les émirats du Golfe, la Jordanie, Israël, l'Egypte d'Abdel Fattah al-Sissi ne comptent plus sur les États-Unis face à l'État Islamique et face à l'Iran.

Au présent, l'État Islamique se dote d'armes chimiques en utilisant les installations datant du régime de Saddam Hussein en Irak[150]. Il est implanté dans au moins vingt pays de la planète, peut-être davantage[151]. Il a des intentions de déstabilisation plus vastes et ne s'en cache pas. Même s'il devait refluer en Syrie et en Irak, il lui resterait d'autres terrains d'opération. Il dispose d'ores et déjà d'immenses terrains d'opération.

Au présent, des vagues de migrants musulmans déferlent vers l'Europe par centaines de milliers depuis les rives de la Libye contrôlées par l'État Islamique, et, venus de la Syrie dévastée, depuis les rives de la Turquie. Erdogan a demandé plusieurs milliards d'euros à l'Union Européenne pour surveiller les frontières de son pays et, pour l'heure, les surveille peu[152]. L'Union Européenne se trouve profondément déstabilisée par l'irruption de centaines de gens qu'elle ne parvient à contrôler que très partiellement, et qui incluent dans leurs rangs des gens au service de l'État Islamique[153].

Un axe Russie-Iran, dominé par la Russie, s'est constitué, et étend son emprise sur le Proche-Orient, avec pour ambition de ne pas s'arrêter là. La Russie dispose avec Sébastopol et Tartous de deux ports lui donnant accès à la Méditerranée. Si, comme c'est, selon toute apparence, son intention, elle en

148 mic.com/articles/57197/the-egyptian-coup-brought-to-you-by-saudi-arabia#.Xwzh5qm44

149 nationalinterest.org/feature/saudi-arabias-master-plan-against-isis-assad-iran-syria-15221

150 www.theguardian.com/world/2014/jul/09/isis-seizes-chemical-weapons-plant-muthanna-iraq

151 edition.cnn.com/2015/12/17/world/mapping-isis-attacks-around-the-world/

152 www.independent.co.uk/news/world/europe/refugee-crisis-eu-pays-3bn-to-turkey-in-exchange-for-help-on-dealing-with-european-migration-a6753861.html

153 www.express.co.uk/news/world/555434/Islamic-State-ISIS-Smuggler-THOUSANDS-Extremists-into-Europe-Refugees

vient à tenir, avec l'Iran, le Golfe arabo-persique, elle tiendra l'essentiel des ressources en matières premières qui alimentent l'Europe, et les principaux pays d'Europe ont contresigné l'« accord » avec l'Iran, tout comme l'a fait la Russie. Un canal russo-iranien reliant la mer caspienne au Golfe arabo-persique est en projet[154].

La Chine, qui s'efforce de prendre en main la mer de Chine, et qui la prend en main, a des accords de partenariat avec la Russie et l'Iran, la Russie faisant comprendre à l'Europe aussi qu'elle seule présentement peut contenir l'État Islamique et l'Iran, et qu'elle seule présentement peut, éventuellement, endiguer les vagues de migrants, un futur prend forme.

Des navires de guerre chinois ont accosté à Tartous à l'automne 2015[155]. Ils sont passés par le canal de Suez. L'Egypte et l'Arabie Saoudite n'ont émis aucune objection. Aucun pays du Proche-Orient n'a émis d'objection non plus. Aucun pays d'Europe n'a évoqué le sujet.

L'annexion de la Crimée est entérinée, tout comme la situation dans le Donbass. Aucun pays d'Europe occidentale n'évoque encore ces sujets.

Au présent, les États-Unis semblent éliminés non seulement du Proche-Orient mais de l'Asie continentale, et en voie d'élimination de l'Europe où ils sont de moins en moins considérés comme la puissance qui compte et où, comme au Proche-Orient, les regards se tournent, plutôt, vers la Russie, l'Iran, la Chine.

Al-Qaida, seul et unique ennemi désigné par Obama, subsiste. Jabhat al-Nusra, malgré les frappes russes, persiste. Au Yémen et en Libye, al-Qaida porte le nom d'Ansar al-Sharia[156]. En Afghanistan une alliance al-Qaida-taliban regagne du terrain et s'efforce de reprendre le pouvoir[157].

L'État Islamique était embryonnaire en 2011. Il est, en 2016, une menace planétaire.

---

154 www.rt.com/business/338901-russia-iran-caspian-canal/

155 www.debka.com/article/24909/A-Chinese-aircraft-carrier-docks-at-Tartus-to-support-Russian-Iranian-military-buildup-

156 www.longwarjournal.org/tags/ansar-al-sharia

157 www.breitbart.com/national-security/2016/04/13/report-al-qaeda-taliban-relationship-afghanistan-growing-stronger/

Obama avait dit qu'il mettrait fin à la guerre. Il n'a pas mis fin à la guerre. Vraiment pas.

Il a, par contre, quasiment mis fin au statut de la puissance américaine sur la planète.

Il a quitté l'Irak, comme il l'avait promis : mais il n'a pas mis fin à la guerre en Irak. En 2008, la guerre en Irak était achevée, après les opérations connues sous le nom de *surge* (poussée). Le pays était dans une paix fragile, qui n'en était pas moins une paix. Il est maintenant plongé dans une guerre qui n'en finit pas, et n'existe plus que sur des cartes de géographie périmées. Des dizaines de milliers de Chrétiens et de Yazidis y ont été massacrés. Des villes sont passées de l'armée de Bagdad à l'État Islamique, et de celui-ci à l'armée de Bagdad, mais ne sont plus que décombres[158]. Les régions kurdes du pays se sont autonomisées et combattent l'État Islamique, tout comme les régions kurdes de Syrie, qui se sont aussi autonomisées. La Russie se rapproche des Kurdes, pour mieux endiguer la Turquie et l'État Islamique. Obama qui a longtemps soutenu Erdogan et le soutient encore, et sait l'hostilité d'Erdogan à toute autonomie kurde, n'a pas de stratégie kurde déchiffrable.

Obama n'a pas tout à fait quitté l'Afghanistan, et n'a pas tenu sa promesse sur ce point, mais le nombre de soldats américains tués en Afghanistan s'est considérablement accru depuis janvier 2009, et plus nettement encore à partir de l'année 2010 : de nouvelles « règles d'engagement », restrictives, ont été mise en place par l'administration Obama, aux fins de « gagner les esprits et les cœurs ». Elles ont, surtout, multiplié les morts américains. Six cent trente soldats ont perdu la vie en Afghanistan entre octobre 2001 et janvier 2009[159]. Le nombre, entre janvier 2009 et novembre 2015 est trois fois plus élevé. Le nombre de blessés américains au combat, lui, a littéralement explosé : entre octobre 2001 et janvier 2009, avant Obama, 2.638 soldats ont été blessés. En quatre ans seulement, de janvier 2009 à janvier 2013, le nombre était de 15.036[160]. Il a continué à grimper depuis. Le terrain concédé aux talibans, à al-Qaida, à l'État Islamique, n'a cessé, lui, de s'étendre.

---

158 www.breitbart.com/national-security/2014/06/13/6-reasons-obama-lost-iraq/

159 watson.brown.edu/costsofwar/files/cow/imce/papers/2015/War%20Related%20Casualties%20Afghanistan%20and%20Pakistan%202001-2014%20FIN.pdf

160 icasualties.org/oef/

Il reste des bases militaires américaines au Proche-Orient. Elles marquent une présence américaine qui semble un vestige d'un autre temps, même si en partent quelques avions de combat et quelques unités des forces spéciales.

La coalition contre l'État Islamique élaborée en juillet 2014 par Obama n'agit quasiment pas, non : seules les forces aériennes américaines sont intervenues, à l'exception de quelques actions françaises et d'une action jordanienne (menée après l'assassinat d'un pilote de la *Royal Jordanian Air Force*[161]). Il y a eu jusqu'à présent, en moyenne, moins de bombardements américains en un mois qu'il n'y en eut en une demi-journée lors des opérations menées en Afghanistan en octobre 2001[162]. Les « règles d'engagement » de l'armée de l'air américaine contre l'État Islamique ont stipulé jusqu'à une date récente qu'aucun camp d'entraînement ne devait être visé, et les bombes étaient lâchées, surtout, sur des installations vides, ou dans le désert[163]. Nombre d'avions de combat américains rentrent encore sans avoir largué leurs bombes : l'ordre de larguer des bombes est annulé dès qu'il semble exister le moindre risque qu'il y ait des « victimes civiles ». Un convoi routier de l'État Islamique a été attaqué par des avions américains en novembre 2015, mais d'autres avions américains étaient venus quarante-cinq minutes auparavant disséminer des messages avertissant que le convoi allait être bombardé[164]. L'immense majorité des attaques contre l'État Islamique viennent, pour l'heure, du protectorat iranien en place à Bagdad et de milices chiites armées par l'Iran. La seule ville de Syrie arrachée à l'État Islamique, Palmyre, l'a été par l'action de l'armée russe[165].

L'État Islamique dure parce que la Russie n'a pas décidé d'en finir avec lui. Il durera, pour l'heure, tant que la Russie ne décidera pas d'en finir avec lui.

Tout ce qui s'oppose à ce que la Russie et l'Iran tiennent le Golfe arabo-persique est que la Russie et l'Iran ne sont pas encore parvenus à leurs fins.

---

161 www.frontpagemag.com/fpm/250697/isis-burns-jordanian-pilot-death-arnold-ahlert

162 www.nytimes.com/2016/02/20/world/middleeast/us-airstrike-isis-libya.html?_r=0.

163 www.breitbart.com/national-security/2015/06/24/impossible-rules-of-engagement-zero-civilian-casualties-in-isis-battle/

164 www.breitbart.com/national-security/2015/11/25/obama-really-warned-islamic-state-45-minutes-before-u-s-airstrikes/

165 www.rt.com/news/337381-palmyra-liberated-first-photos/

Il reste des bases militaires américaines ailleurs qu'au Proche-Orient, en de multiples autres points de la planète. Elles marquent elles aussi une présence américaine qui semble vestige d'un autre temps.

Les alliés asiatiques des États-Unis voient agir la Chine. Ils voient agir la Russie, qui est aussi une puissance asiatique.

Les alliés européens des États-Unis regardent vers la Russie, l'Iran, la Chine. L'OTAN, Organisation du Traité de l'Atlantique Nord, existe toujours. La principale armée d'un pays de l'OTAN, hors des États-Unis, est celle de la Turquie d'Erdogan[166].

Pendant les années Obama, des échanges de prisonniers ont eu lieu. L'un d'entre eux a été particulièrement marquant : un déserteur ayant rejoint les talibans, Bowe Bergdahl, a pu regagner les États-Unis le 31 mai 2014. Simultanément, cinq dirigeants talibans prisonniers à Guantanamo furent envoyés au Qatar où ils ont été assignés à résidence pour une durée d'un an, avant de partir reprendre leurs activités de djihad, ce qu'ils ont fait[167]. Ils furent accueillis au Qatar par des chants de victoire et des appels à la « mort de l'Amérique ». Le Ministère de la défense et l'État major des armes américaines se sont opposés à l'échange. Obama a décidé de passer outre[168]. Le Ministère de la défense et l'État major des armées américaines se sont opposés à toutes les libérations de détenus de Guantanamo où, quand Obama a été élu, n'étaient plus enfermés que des gens considérés comme très dangereux pour la sécurité nationale. Obama n'en a pas moins procédé aux libérations. Nombre des prisonniers de Guantanamo libérés par décision d'Obama ont fait ce qu'ont fait les cinq chefs talibans libérés en mai 2014. Obama envisage très sérieusement de vider Guantanamo de ses derniers prisonniers avant novembre 2016[169]. Ce sera peut-être chose faite quand paraîtra ce livre.

Pendant les années Obama, des attaques terroristes islamistes ont eu lieu, sur des bases militaires américaines situées au sein même des États-Unis.

---

166 www.globalfirepower.com/country-military-strength-detail.asp?country_id=turkey

167 www.weeklystandard.com/article/five-most-dangerous-taliban-commanders-us-custody-released-pow-exchange/794017?page=2

168 edition.cnn.com/2015/12/09/politics/taliban-5-bowe-bergdahl-congress-report/

169 www.nytimes.com/2016/02/24/us/politics/obama-guantanamo-bay.html?_r=0

Aucune n'a été définie par l'administration Obama comme une attaque terroriste islamiste. Aucune n'a, même, été définie par l'administration Obama comme une attaque terroriste. L'attaque menée à Fort Hood, Texas, le 5 novembre 2009 par Nidal Malik Hasan, psychiatre islamiste membre de l'armée américaine a été définie comme « violence sur le lieu de travail »[170]. Nidal Malik Hasan a été jugé par une cour martiale, et condamné à mort : pour meurtre, pas pour acte terroriste. L'attaque menée à Chattanooga, Tennessee, par Muhammad Youssef Abdulazeez, aux cris d'Allahu Akbar, a été définie par l'administration Obama comme une « fusillade » résultant de l'instabilité mentale du tireur[171].

L'existence d'Américains détenus en Iran sans avoir commis aucun crime[172] n'a pas été évoquée une seule fois lors des négociations qui ont conduit à l'« accord » avec l'Iran. L'« accord » a été signé par Barack Obama sans que rien ne soit demandé à l'Iran, pas même la libération d'Américains détenus et, de fait, otages[173].

Le régime iranien a déjà violé les termes même de l'accord qu'il a signé. Barack Obama n'a jamais évoqué les violations de l'« accord », sinon à mots très feutrés[174].

Cinq Américains détenus en Iran ont été libérés par les autorités iraniennes le jour précis où la levée des sanctions, prévue par l'« accord » de juillet 2015 a eu lieu. Des Américains restent prisonniers en Iran. En échange de la libération de cinq Américains, l'Iran a obtenu 1,7 milliards de dollars des États-Unis (une somme de 400 millions de dollars bloquée en 1979, au moment de la révolution islamique, à laquelle s'ajoutent les intérêts sur la somme), la libération de sept agents iraniens emprisonnés et condamnés par la justice aux États-Unis[175].

---

170 www.washingtontimes.com/news/2013/aug/6/nidal-hasans-fort-hood-trial-starts-workplace-viol/

171 www.chicagotribune.com/news/nationworld/ct-chattanooga-20150719-story.html

172 edition.cnn.com/2015/07/17/world/american-detainees-iran/

173 www.foxnews.com/world/2015/07/14/do-not-forget-them-americans-held-in-iran-not-part-nuke-deal.html

174 www.christianheadlines.com/blog/iran-violates-deal-obama-fails-to-act.html

175 www.wsj.com/articles/u-s-payment-of-1-7-billion-to-iran-raises-questions-of-ransom-1453421778

Le fait que les dirigeants iraniens continuent à haranguer les foules en criant « Mort à l'Amérique », ou « Mort à Israël » et « Mort aux Juifs » ne semble pas perturber Obama. Le fait qu'ils perfectionnent leur production de missiles balistiques intercontinentaux conçus pour transporter des armes nucléaires[176] et disposent grâce à la levée des sanctions, de moyens financiers considérables (cent cinquante milliards de dollars[177]) à même de leur permettre d'acheter des armes et de rémunérer davantage encore les divers groupes terroristes qu'ils financent depuis des décennies ne semble pas le perturber non plus. L'axe Russie-Iran qui étend son emprise sur le Proche-Orient, les actes de la Chine en mer de Chine et ailleurs, la déstabilisation de l'Europe et le fait que des dirigeants européens regardent vers la Russie, l'Iran, la Chine ne le perturbent pas davantage.

Barack Obama a décidé de renouer des relations diplomatiques et commerciales avec le régime castriste à Cuba, sans rien exiger de Raul Castro, pas même un assouplissement des règles de la dictature, pas même non plus le renvoi aux États-Unis d'une femme reconnue coupable d'espionnage, Ana Belem Montes[178], et condamnée par contumace, ou celui d'une femme coupable de l'assassinat d'un policier, condamnée à la prison à vie, évadée, et qui s'est vue accorder l'asile politique à Cuba en 1984, Joanne Chesimard (devenue Assata Shakur), membre du *Black Panther Party*, puis de la *Black Liberation Army*[179]. Pour que les relations diplomatiques et commerciales puissent être renouées, le nom de Cuba devait être retiré de la liste des États soutenant le terrorisme : Obama a signé un décret en ce sens, bien que Cuba continue à abriter des membres d'organisations terroristes, les FARC de Colombie, l'ETA du Pays basque, AQMI (al-Qaida au Maghreb Islamique). Obama n'a pas demandé que le régime castriste cesse d'abriter ceux qu'il abrite[180]. Le régime castriste demande la fermeture de Guantanamo : s'il n'y a plus aucun prisonnier à Guantanamo, ce serait envisageable pour Obama de fermer Guantanamo, voire d'abandonner Guantanamo aux frères Castro. La coopération

---

176 edition.cnn.com/2016/03/09/middleeast/iran-missile-test/

177 www.breitbart.com/national-security/2015/07/17/7-devastating-facts-about-obamas-iran-nuclear-deal/

178 thehill.com/opinion/op-ed/263476-the-forgotten-spy-ana-belen-montes

179 www.nbcnews.com/news/us-news/will-obama-demand-cuba-hand-over-fugitive-cop-killer-n541706

180 www.wsj.com/articles/cuba-officially-removed-from-u-s-state-sponsor-of-terrorism-list-1432913160

militaire entre la Russie et Cuba se poursuit : des militaires cubains sont en Syrie au côté des militaires russes[181].

Barack Obama n'a pas eu de position claire vis-à-vis de la Corée du Nord, et s'est contenté de dire que le régime « tomberait de lui-même »[182]. Il a parlé, comme Hillary Clinton lorsqu'elle était Secrétaire d'État, de « patience stratégique » et de main tendue[183]. La Corée du Nord a procédé à une série d'essais nucléaires souterrains destinés à perfectionner ses armes atomiques et a annoncé en janvier 2016 avoir accédé à la bombe à hydrogène[184]. Des liens étroits lient le régime nord-coréen et l'Iran en matière nucléaire. Des centaines d'experts nucléaires nord-coréens travaillent en Iran. Des chercheurs spécialistes du nucléaire iraniens travaillent en Corée du Nord[185]. La Russie a des relations de plus en plus proches avec la Corée du Nord, et la Chine veille sur la stabilité d'un régime qu'elle considère avoir tout intérêt à maintenir[186].

Barack Obama a procédé à des coupes profondes et graves dans le budget de la défense américaine, et ces coupes n'ont pas cessé jusqu'à ce jour. Elles ont été présentes dans tous les budgets présentés par l'administration Obama, dès le budget de l'année 2010. Elles sont devenues drastiques lorsque, confronté à une explosion des déficits budgétaires et au refus d'Obama de transiger, a été voté le *Budget Control Act*, pendant l'été 2011[187]. Aux fins d'éviter un blocage des institutions et la menace brandie par Obama de voir le pays être déclaré en situation de défaut de paiement, les Républicains à la Chambre des Représentants ont accepté des mesures dites de « séquestration » qui signifiaient des coupes dans toutes les dépenses de l'État fédéral : Obama exigeait, pour signer, que les coupes dans le secteur de la défense soient telles qu'elles conduisent à un affaiblissement net de ce secteur. Les Républicains ont cédé. Des programmes entiers ont été abandonnés, tels ce-

---

181 www.thedailybeast.com/articles/2015/10/16/cuba-is-intervening-in-syria-to-help-russia-it-s-not-the-first-time-havana-s-assisted-moscow.html

182 thediplomat.com/2015/01/obama-comes-out-as-a-north-korea-collapsist/

183 foreignpolicy.com/2016/01/07/strategic-patience-with-north-korea-gets-you-nowhere/

184 www.telegraph.co.uk/news/worldnews/asia/northkorea/12095069/North-Korea-claims-its-hydrogen-bomb-can-wipe-out-the-whole-US-territory.html

185 www.washingtontimes.com/news/2016/jan/28/n-korea-iran-nuclear-ties-probably-deep-report/?page=all

186 www.reuters.com/article/us-northkorea-nuclear-russia-china-idUSKCN0WD0VI

187 www.wsj.com/articles/how-obama-shrank-the-military-1438551147

lui du *Ground Combat Vehicle* ou celui de l'avion de chasse A 10[188]. Le nombre de militaires professionnels a diminué de vingt pour cent en trois ans. Les forces armées américaines sont à leur plus bas niveau opérationnel depuis 1940[189].

La doctrine militaire américaine depuis 1945 n'a cessé d'être que l'armée américaine devait avoir les capacités opérationnelles de mener deux guerres simultanément. Depuis 2011, elle a été changée, et adaptée à une situation de sous-équipement. Elle stipule désormais que les États-Unis ne peuvent mener une guerre et prendre le risque d'être confrontés à une autre guerre, qu'ils n'auraient pas la capacité de mener. L'annonce officielle a dit qu'Obama « mettait fin » à la « stratégie des deux guerres »[190].

Les généraux en activité sont tenus à un devoir de réserve, mais nombre d'entre eux ont laissé entendre au cours des sept dernières années que les États-Unis se mettaient toujours davantage en danger. Le Général Ray Odierno, chef d'État-major des armées, au moment où il prenait sa retraite, en août 2015, a déclaré que la défense du pays était à un tournant[191]. L'armée n'a plus l'aptitude d'assurer pleinement les missions qui lui sont confiées, et en cas de péril majeur, risquerait fort de ne pas pouvoir répondre au péril. Jamais un aussi haut gradé n'avait tenu un discours aussi alarmant.

Les blessés de guerre et les anciens combattants ont été confrontés à une pénurie de soins hospitaliers sans précédent. Nombre ont été placés sur des listes d'attente et les délais se sont avérés tels qu'ils sont décédés sans avoir été soignés. Le dossier ayant été révélé en avril 2014[192], l'administration Obama s'est engagée à remédier à la situation. Celle-ci, en 2016 n'a pas changé[193].

La fermeture de plusieurs bases militaires américaines, sur plusieurs continents, a été envisagée[194]. Aucune base ne sera fermée avant la fin de la présidence Obama. Ensuite ? Tout dépendra de ce qui viendra après Obama.

---

188 www.defensenews.com/story/defense/archives/2014/01/24/us-army-chief-confirms-ground-combat-vehicle-is-dead-for/78531366/

189 www.reuters.com/article/us-usa-defense-budget-idUSBREA1N1IO20140224

190 security.blogs.cnn.com/2012/01/04/panetta-ending-two-war-strategy/

191 www.army.mil/article/153768/Odierno__Nation_at_important_flex_point/

192 edition.cnn.com/2014/04/23/health/veterans-dying-health-care-delays/

193 www.al.com/opinion/index.ssf/2016/04/the_pressing_need_to_improve_v.html

194 www.thefiscaltimes.com/2015/04/10/Battle-Save-Military-Bases-Closure

Pour l'heure, toutes les enquêtes disponibles montrent que le moral des armées est plutôt sombre[195].

L'état de la défense aux États-Unis ne peut être dissocié de celui de l'économie. Il ne peut être dissocié de l'endettement du pays et de ce qui résulte, de l'évolution des mentalités, d'un moindre attachement à la liberté né de la dépendance, d'un ébranlement des institutions. Les entreprises bénéficiant du *corporate welfare* sous Obama ne sont, pour la plupart, pas investies dans le secteur de la défense et s'accommodent, semble-t-il, d'un monde tel que celui qui prend forme.

Obama ne s'en est pas pris verbalement à l'armée comme il s'en est pris à la police, mais avoir privé l'armée de moyens, avoir rendu les soldats davantage vulnérables, a suscité un malaise, une forme d'amertume perceptible chez beaucoup de militaires, pas seulement chez les généraux.

Avoir quitté l'Irak et laissé un protectorat iranien s'installer à Bagdad, après que tant d'hommes ont laissé leur vie en Irak, ou en sont revenus blessés, ou mutilés, a renforcé l'amertume.

Avoir changé les règles d'engagement en Afghanistan et laissé tant de soldats mourir là encore, ou être blessés, mutilés, et avoir envisagé de quitter l'Afghanistan, a renforcé l'amertume aussi.

Avoir vu la puissance des États-Unis amoindrie à un tel degré et en aussi peu de temps a exacerbé l'amertume.

L'expression même, « mettre fin » à une guerre, est perçue par nombre de militaires comme une expression inepte, ou une façon d'infliger aux forces armées une défaite qui n'est pas venue de leur propre défaite, mais d'ordres venus d'un Commandant en chef qui ne s'est pas conduit et n'a pas parlé comme un Commandant en chef respectable.

Des dossiers tels celui concernant l'attaque contre le consulat américain de Benghazi ont conduit à la création d'une commission d'enquête du Congrès qui a interrogé Hillary Clinton, mais nombre de militaires savent que le Com-

---

195 uk.businessinsider.com/us-military-morale-at-rock-bottom-and-sinking-further-2015-6?r=US&IR=T

mandant en chef est lui aussi impliqué, et que, sans doute, une large part de l'administration Obama l'est aussi[196].

Il y a eu quatre morts à Benghazi, dont l'ambassadeur des États-Unis en Libye. Il y a eu, surtout, l'ordre donné aux forces armées de ne pas intervenir, l'abandon de personnel de l'administration fédérale, dont des gens chargés de missions de défense et de sécurité aux mains de tueurs djihadistes, qui ont fait ce qu'ils étaient venus faire : tuer. Il y a eu mensonge délibéré, puisqu'il est avéré que la Secrétaire d'État, le Secrétaire à la défense, le Président, savaient que ce qui s'est passé à Benghazi le 11 septembre 2012 était une attaque terroriste, savaient aussi que les gens qui ont été tués ont été abandonnés sur ordre (venus du Secrétariat d'État, du Secrétariat à la défense, ou du Président) et ont ensuite menti aux familles des victimes, puis au monde entier, en accusant faussement un vidéaste amateur, auteur d'un film médiocre sur Mahomet, puis ont présenté leurs « excuses » pour ce film à la communauté des croyants[197].

Le dossier de l'attaque contre le consulat américain de Benghazi n'a, auprès de nombre de militaires, pas du tout rendu le Commandant en chef plus respectable. Il a laissé nombre de militaires très pensifs quant à la possibilité qu'Hillary Clinton puisse devenir un jour, si elle devait un jour être élue, un Commandant en chef respectable[198].

Obama avait promis la « fin de la guerre ».

Il avait promis le changement, qui était aussi le changement impliqué par la « fin de la guerre ».

Il n'avait pas promis le changement qui s'est opéré. Celui-ci s'est opéré néanmoins.

Les États-Unis ne sont plus en « guerre contre le terrorisme ». Il n'est pas du tout certain que le terrorisme, très précisément le terrorisme islamique,

---

196 www.breitbart.com/video/2016/01/13/the-united-west-clinton-obama-benghazi-gun-running-operation-exposed/; www.breitbart.com/big-government/2015/11/30/benghazi-commission-obama-admin-gun-running-scheme-armed-islamic-state/ ; www.nationalreview.com/article/426289/hillary-clinton-obama-benghazi-lie.

197 www.youtube.com/watch?v=XtNu6E7c4vA

198 www.frontpagemag.com/fpm/261442/hillarys-benghazi-stand-down-order-exposed-kenneth-r-timmerman

ne soit plus en guerre contre les États-Unis : les faits indiquent nettement le contraire.

Les États-Unis ne sont pas en guerre avec l'Islam, pas même en guerre contre le djihadisme. Les djihadistes qui décapitent et tuent ne sont pas définis par Obama comme djihadistes, ceux qui ont tué aux États-Unis ne sont pas même définis par lui comme terroristes. Les djihadistes sont toujours en guerre contre les États-Unis.

Obama n'a plus à s'excuser de la puissance et de l'arrogance des États-Unis.

Les États-Unis sont beaucoup moins puissants. Nul ne les accuserait, au terme de la présidence Obama, d'être arrogants.

Lorsque Vladimir Poutine a enclenché les opérations russes en Syrie, il n'a pas contacté le Président des États-Unis, et s'est contenté d'envoyer un officier de l'armée russe à l'ambassade américaine de Bagdad pour signaler à l'ambassadeur des États-Unis en poste que les opérations russes allaient commencer, et que la Russie demandait à l'aviation américaine de ne pas survoler la Syrie dans les jours qui allaient suivre. La veille de l'enclenchement des opérations, Vladimir Poutine avait rencontré Obama à New York : il ne lui avait pas dit un mot sur le sujet et avait échangé avec lui une distante poignée de main[199].

Lorsqu'il est question du devenir du monde à l'échelle internationale, c'est à peine désormais si les États-Unis sont évoqués. Il est question, plutôt, de la Russie, de la Chine, de l'Iran.

Obama avait promis la « fin de la guerre » et le changement. Un changement s'est opéré.

Obama a été porté par un mouvement venu de la contre-culture des années 1960.

Ce mouvement voulait changer fondamentalement les États-Unis et voulait aussi changer fondamentalement le monde.

---

199 www.breitbart.com/big-government/2015/09/30/russia-orders-u-s-planes-syria-begins-air-operations/.

Il avait conduit, à l'époque, à la débâcle au Vietnam, à la chute du Cambodge, à l'arrivée au pouvoir de Khomeiny en Iran, à l'invasion de l'Afghanistan par les Soviétiques.

Il y avait eu Ronald Reagan, la fin de la « guerre froide », et la victoire des États-Unis. Il y avait eu George Herbert Walker Bush, puis Bill Clinton, ce qui s'est appelé à l'époque les « dividendes de la paix », la négation de l'existence de dangers.

Il y eut les attentats du 11 septembre, George Walker Bush, la guerre contre le terrorisme, et ceux qui ont lutté contre la guerre, comme s'il n'y avait pas de danger, pas d'ennemi sinon la puissance américaine. Il y eut, dès le mois d'octobre 2001, des gens qui avaient eu vingt ans en 1970, et qui manifestaient à l'époque contre l'« impérialisme américain », et ces gens s'assemblaient à nouveau, pour manifester contre l'« impérialisme américain », en clamant que le seul terroriste sur terre était George Walker Bush.

Obama est venu de l'aile la plus extrême du mouvement. Saul Alinsky, Bill Ayers, Bernardine Dohrn. Bill Ayers a dit, voici peu, ne rien regretter des attentats qu'il a commis autrefois contre les États-Unis au temps où il dirigeait le *Weather Underground*[200]. Il a fait partie de ceux qui avaient manifesté en 1970 contre l'« impérialisme américain », et qui ont manifesté à nouveau contre l'« impérialisme américain » dès octobre 2001. Il s'est fait photographier en train de piétiner le drapeau américain à ce moment[201].

Obama n'a pas piétiné le drapeau. Il a participé à des manifestations « anti-impérialistes ». Il a beaucoup étudié Saul Alinsky, beaucoup fréquenté Bill Ayers et Bernardine Dohrn[202]. Puis il est passé aux choses sérieuses. Il a fait davantage que piétiner le drapeau. Infiniment davantage.

Il n'entendait pas seulement changer fondamentalement le pays, mais changer fondamentalement le monde. Il y est largement parvenu.

Le changement fondamental n'est pas achevé. Il se poursuit.

---

200 pjmedia.com/blog/bill-ayers-in-retirement/?singlepage=true

201 www.freerepublic.com/focus/f-news/2011509/posts

202 legalinsurrection.com/2015/03/revisiting-obamas-past/; www.americanthinker.com/blog/2014/02/bill_ayers_and_obama_both_quote_alinsky.html.

Il aurait été aisé en 2008 de discerner qui était Obama, quelles avaient été ses fréquentations au cours des décennies qui ont précédé sa candidature. Des livres et des articles sont parus sur ces sujets[203].

La grande presse, la radio, la télévision, étaient tenues par des gens favorables au changement incarné par Obama et se sont tus.

Le nom de Saul Alinsky, celui de Bill Ayers, celui de Bernardine Dohrn sont restés absents des débats. Le pasteur venu de *The Nation of Islam* et passé à la théologie noire de la libération, antisémite, empli de haine envers les États-Unis, Jeremiah Wright, a été brièvement évoqué[204]. Le fait qu'il se soit réjoui des attentats du 11 septembre dès le lendemain des attentats, et qu'il ait alors montré sa haine non seulement pour les États-Unis, mais pour le peuple américain, citant une phrase de Malcom X, *the chickens are coming home to roost*, a été passé sous silence[205], et Obama a pu répéter que Jeremiah Wright avait été longtemps son guide spirituel. Peu d'électeurs ont compris ce que cela signifiait, trop peu en tout cas. Des électeurs ont voté en pleine connaissance de cause.

Si, en 2008, tous les électeurs avaient été en mesure d'être informés, et si grande presse, radio, télévision avaient fait un travail d'information, Obama n'aurait vraisemblablement pas été élu.

En 2012, le désastre était déjà largement enclenché. La guerre en Irak commençait à reprendre, la Libye était un champ de ruines strié de meurtres et d'explosions, la Syrie aussi. L'Egypte était aux mains des Frères Musulmans, et ceux-ci brûlaient des églises coptes. Peu d'électeurs ont prêté attention au désastre, trop peu en tout cas. Nombre d'électeurs n'ont pas vu un désastre dans ce qui se passait. Il était question encore à l'époque de « printemps arabe ».

La grande presse, la radio, la télévision présentaient les Frères Musulmans comme des adeptes de la démocratie, disaient qu'Obama allait, partout sur terre, de réussite en réussite.

---

203 Voir, par exemple Jerome R. Corsi, *Obamanation*, Regnery, 2008.

204 spectator.org/articles/36529/gospel-according-wright

205 www.youtube.com/watch?v=208t80uceSg. Sur l'origine de l'expression, cf. idioms.thefreedictionary.com/chickens+come+home+to+roost. Sur son utilisation par Malcolm X et Jeremiah Wright, cf. www.danielpipes.org/blog/2008/03/americas-chickens-are-coming-home-to-roost

Si, en 2012, grande presse, radio, télévision avaient fait un travail d'information, Obama n'aurait vraisemblablement pas été réélu.

En cet instant, le changement fondamental s'accentue. A l'échelle planétaire.

Le monde que laissera Barack Obama derrière lui lorsqu'il quittera la Maison Blanche ne sera pas du tout celui qu'il aura trouvé fin janvier 2009.

Ce sera un monde dans lequel l'ordre planétaire mis en place après la Deuxième Guerre Mondiale sous l'égide des États-Unis, qui y incarnaient ce qui fut appelé autrefois le « monde libre » sera dégradé à un tel point que les dégâts pourront sembler difficilement réparables : un monde où la puissance hégémonique des États-Unis, en place depuis la fin de la « guerre froide », semblera élimée, en voie d'effacement.

Ce sera un monde où les valeurs qu'ont pu incarner les États-Unis lorsqu'ils étaient puissance hégémonique seront elles-mêmes très élimées.

Ce sera un monde où ces valeurs seront partout sur la défensive et où le désordre ne se limitera pas au Proche-Orient, mais touchera l'Asie continentale, l'Europe, d'autres régions du monde. La Chine est alliée à la Russie et à l'Iran. Le régime nord-coréen existe parce que la Chine en tire avantage : la Corée du Nord entretient des tensions régionales dont la Chine ne peut être accusée directement et peut faire régner des menaces dont la Chine ne peut être accusée non plus ; elle dispose de l'arme atomique et entretient des liens de partenariat sur ce plan avec l'Iran. L'Union Européenne n'est pas seulement déstabilisée : l'irruption migratoire née du désordre proche-oriental et l'exacerbation des menaces terroristes islamiques font qu'elle est en train de se déliter et de voir monter en elle des volontés de fermeture et de retour aux frontières nationales.

Le monde que laissera Barack Obama derrière lui sera un monde lacéré par l'Islam radical, dominé par des régimes autoritaires, moins sûr, plus délétère. Un monde où le fait que les États-Unis se portent mal a des effets secondaires sur toute la planète, qui sont d'autant plus violents que la puissance hégémonique américaine n'est pas là pour les réfréner. L'asthénie économique américaine joue un rôle majeur dans le ralentissement économique mondial, et ce ralentissement joue lui-même un rôle majeur dans la baisse du prix du pétrole et du gaz, qui atteint de plein fouet, et déstabilise, les pays qui vivent de la vente de matières premières énergétiques.

Un redressement, là, serait encore bien plus difficile qu'un redressement de l'économie et de la société américaines.

Il faudrait, pour que le redressement s'enclenche, rétablir la puissance militaire américaine, dans un contexte où la priorité absolue pour des millions d'Américains serait à même de sembler être de rétablir l'économie, les institutions.

Il faudrait, pour que le redressement soit envisageable, expliquer à des millions d'Américains que le rétablissement de l'économie et des institutions implique simultanément le rétablissement de la puissance militaire du pays et un retour, depuis là, vers la puissance hégémonique du pays. Et il faudrait convaincre des millions d'Américains las, désenchantés, désabusés.

Il faudrait, pour que le redressement s'opère, rétablir des alliances très détériorées, assumer le fait que sur le court terme, certains effondrements sont sans doute irrémédiables : l'Irak, la Syrie, la Libye, entre autres, n'existent plus et n'existeront sans doute jamais plus.

Il faudrait dire à des millions d'Américains las, désenchantés, désabusés, que d'autres effondrements sont à même de se produire, que le monde est tout au bord d'une tempête majeure, que la puissance militaire et l'hégémonie américaines sont indispensables pour que la tempête ne soit pas plus grave encore qu'elle ne risque d'être, et que malgré la lassitude, le désenchantement et l'humeur désabusée qui règnent dans une large part de la population américaine, des interventions américaines dans le cours du monde pourraient être inévitables s'il s'agit d'éviter le pire.

Il faudrait rétablir la confiance que les alliés des États-Unis ont pu avoir en ceux-ci : tout en sachant qu'une fois brisée, la confiance ne se rétablit pas si aisément.

Il faudrait un Président républicain d'une qualité, d'une détermination, et d'un courage exceptionnels.

Si un homme de cette trempe ne se profile pas sur l'horizon, le pire est à craindre. Vraiment le pire.

La situation était très grave en 2012. Elle est effroyable aujourd'hui.

Si, plutôt qu'un Républicain, un (une) démocrate est élu(e), le monde qui viendra sera un monde après l'Amérique, et l'Amérique sera elle-même une Amérique après l'Amérique.

On parlera encore de l'Amérique. Il y aura toujours des vestiges de la puissance américaine : l'armée américaine, les bases américaines, ne s'effaceront pas en quelques mois ou quelques années. Mais la puissance américaine appartiendra, largement, au passé. Les turbulences que le monde connait au présent s'exacerberont.

Un continuateur (une continuatrice) d'Obama à la Maison Blanche est présentement tout à fait envisageable.

Le candidat (la candidate) démocrate aura le soutien d'une organisation extrémiste qui appelle explicitement à l'assassinat de membres des forces de l'ordre et entérinera ce soutien. Il (elle) l'entérine déjà.

Il (elle) aura le soutien de tous les grands médias, et de tous ceux sur la planète qui souhaitent que la puissance américaine appartienne au passé. Il (elle) entérinera ce soutien aussi. Il (elle) l'entérine déjà.

Le candidat (la candidate) démocrate dira que le principal danger qui pèse sur la terre est le « réchauffement global ». Il (elle) évoquera à peine le djihadisme. Il (elle) dit déjà que le principal danger qui pèse sur la terre est le « réchauffement global ». Il (elle) n'évoque déjà le djihadisme que pour dire que celui-ci est un danger très mineur[206].

Il (elle) ne parlera pas de liberté, sinon pour accoler le mot liberté à des expressions évoquant la « justice sociale ». Il (elle) ne parle déjà pas de liberté sans utiliser aussitôt des mots qui évoquent la « justice sociale ».

Il (elle) ne parlera pas d'ordre planétaire, de « monde libre » ou d'hégémonie américaine à rétablir.

---

206 www.breitbart.com/big-government/2015/10/14/climate-change-heats-up-democrats-chills-voters/

Il (elle) incarnera des valeurs et une vision du monde selon lesquels il n'y a pas à parler d'ordre planétaire, de « monde libre » et d'hégémonie américaine.

Il (elle) verra dans les turbulences qui montent des phénomènes inéluctables, inexplicables, sinon peut-être par la trop grande puissance qui aura été si longtemps celle des États-Unis.

Les États-Unis, disais-je, ont incarné pendant des décennies des valeurs et une vision du monde.

Que deviendra le monde s'ils n'incarnent plus du tout ces valeurs et cette vision du monde ?

L'hégémonie américaine a permis pendant des décennies qu'un ordre du monde fonctionne.

Cet ordre du monde est né de la victoire sur des tentations totalitaires, des actes génocidaires, des crimes sans nom. Il a endigué d'autres tentations totalitaires et les a vaincues à leur tour. Il a permis tout ce que la mondialisation a eu de fécond : des centaines de millions d'êtres humains tirés de l'extrême misère, des inventions extraordinaires, des réseaux planétaires, le *web*.

Que deviendra le monde si cet ordre du monde déjà fracturé se brise davantage encore ?

3. APRÈS OBAMA

8 novembre 2016 au soir. L'élection présidentielle américaine aura eu lieu. Un successeur de Barack Obama sera élu. Il entrera à la Maison Blanche onze semaines plus tard. Une page sera tournée, semble-t-il, et en même temps elle ne sera pas tournée du tout.

Une élection présidentielle américaine est toujours un événement crucial : les États-Unis sont toujours, à ce jour, la première puissance économique, politique, militaire et culturelle du monde.

Cette élection sera plus cruciale que celles qui l'ont précédée depuis longtemps. Plus cruciale même que celle qui a marqué la fin des années Carter en 1980.

Jimmy Carter avait été un très mauvais Président : il avait conduit son pays vers ce qui ressemblait fort à un déclin. Barack Obama aura fait bien pire.

En 1980, des perspectives de redressement existaient. En 2016, l'horizon semble plus sombre.

L'héritage que laissait Carter était sinistre, mais Carter n'avait pas détérioré l'Amérique au plus profond d'elle-même, et il n'avait infligé au monde qu'un seul dégât majeur, le renversement du shah en Iran et la naissance du régime des mollahs. L'héritage que laissera Obama sera bien plus effroyable.

Carter n'avait eu que quatre années pour sévir. Obama a eu quatre années de plus.

Carter était un homme de gauche maladroit, calamiteux, largement incompétent. Barack Obama est un homme venu de la gauche la plus extrême, habile, parfois incompétent, mais surtout dogmatique, obstiné, guidé par ses obsessions, déterminé à les suivre aussi loin que possible.

Surtout : au temps de Carter, les venins qui avaient commencé à pénétrer la société américaine étaient moins ancrés qu'ils ne le sont aujourd'hui. L'omniprésence des venins est ce qui a permis à un homme tel qu'Obama d'être élu, et réélu. Les venins sont, depuis huit ans, devenus plus omniprésents encore.

A la fin de la présidence Carter, parce qu'il y avait eu Carter et parce que les venins étaient moins ancrés, il y avait eu un sursaut, et le peuple américain avait élu Ronald Reagan.

Aujourd'hui, parce qu'il y a eu Obama, et parce que les venins sont omniprésents, la situation semble plus complexe, l'avenir plus incertain. Un sursaut semble improbable, même s'il n'est pas impossible.

Le peuple américain fait face à un choix, et les deux candidats, démocrate et républicain, incarneront ce choix.

L'un (l'une), s'il (si elle) est élu(e), sera, plus loin que quelques apparences, la continuation d'Obama. L'autre sera tout autre chose : une tentative de redressement. Un sursaut peut-être.

Si une majorité d'Américains opte pour la continuation, les détériorations qu'Obama a enclenchées ou approfondies au sein des États-Unis continueront et se feront plus graves, plus flagrantes. Les dégâts créés par Obama à l'échelle planétaire se feront plus aigus.

Il subsistera aux États-Unis des entreprises de haute et de très haute technologie, des universités de réputation internationale, de la richesse, mais l'économie sera davantage encore une économie clivée, la pauvreté gagnera bien davantage de terrain encore, la classe moyenne continuera à s'éroder et à glisser vers une lente disparition. Parce que la sécurité intérieure reculera, il y aura sans doute des épisodes de violence extrême en plus grand nombre : émeutes, tueries de masse, moments de pillage ici ou là.

Le monde, lui, deviendra davantage encore un monde post-américain. Les régimes autoritaires qui ont commencé à le régir le régiront plus nettement et de plus en plus pleinement à leur manière, et celle-ci sera cynique, brutale.

Les zones de chaos déjà présentes resteront zones de chaos et grandiront. Le chaos, génériquement, se propagera.

Les fractures visibles aujourd'hui se feront fractures plus ouvertes, et leurs ramifications conduiront à d'autres fractures.

Si le peuple américain opte pour une tentative de redressement, les choses seront difficiles, très difficiles. Il y faudra du courage, de la détermination, de l'opiniâtreté, une aptitude à résister à la tempête, car il y aura de la tempête, voire davantage que de la tempête. Au sein des États-Unis. Mais aussi ailleurs, chez tous ceux qui pensaient en avoir fini avec les États-Unis.

Pour l'heure, les risques qu'il y ait continuation sont élevés.

Les chances que le peuple américain se tourne vers une tentative de redressement sont assez ténues.

Ce qui pourrait sembler inexplicable au vu de l'état de l'Amérique et du monde est très explicable pour peu qu'on observe la situation de près.

Les États-Unis se portent mal, voire très mal, oui. Les trois-quarts des Américains le discernent, et sept sur dix pensent que le pays prend une mauvaise direction et que leurs enfants vivront plus mal qu'eux-mêmes vivent au présent[207]. Mais nombre d'Américains sont transis par une force d'inertie qui pèse sur leurs décisions.

Les gens très riches aux États-Unis raisonnent souvent, comme tant de gens très riches, en termes planétaires. Nombre d'entre eux trouvent des avantages à la situation dans laquelle se trouvent les États-Unis : la collusion entre grandes entreprises et gouvernement fait que nombre de grandes entreprises sont dans une situation plus confortable, malgré le marasme économique qui touche le pays.

Ceux qui travaillent pour les grandes entreprises et qui gagnent très bien leur vie continuent à vivre comme si quasiment rien ne se passait qui les concerne directement : l'augmentation du nombre des pauvres les conduit à se dire qu'ils doivent voter pour un gouvernement qui donnera de l'aide aux pauvres. Quand la violence survient ici ou là dans le pays, ils la regardent comme un phénomène extérieur, presque lointain : elle ne touche pas leurs quartiers, leurs résidences, mais des lieux dont ils connaissent l'existence, mais qu'ils évitent soigneusement lorsqu'ils circulent en voiture. Quand la

---

207 www.washingtonexaminer.com/article/2571094?utm_content=buffer4c03b&utm_medium=social&utm_source=twitter.com&utm_campaign=buffer

violence survient ailleurs, ils considèrent aisément qu'elle fait partie des malheurs du monde et qu'ils n'y peuvent rien, ou alors très peu[208].

Les pauvres américains, eux, sont plus nombreux, mais, comme tant de pauvres dans le monde développé, très dépendants de la redistribution et des multiples systèmes d'allocations existants : ils votent, lorsqu'ils votent, pour que la redistribution et les systèmes d'allocation perdurent. L'augmentation du nombre de pauvres coûte de plus en plus cher et va de pair avec la montée de la violence, mais elle augmente aussi, comme dans tant de pays du monde développé, le nombre de voix en faveur de la redistribution, des allocations. Le devenir économique du pays, et le devenir planétaire, ne les intéressent guère.

Les membres des minorités ethniques aux États-Unis sont eux-mêmes plus nombreux : beaucoup sont classés comme pauvres. Et ils votent dès lors comme les pauvres votent, lorsqu'ils votent. Ceux, au sein des minorités ethniques, qui sont sortis de la pauvreté raisonnent souvent comme d'anciens pauvres et votent en conséquence.

Les mouvements et organisations noires et hispaniques qui cultivent le ressentiment exercent une influence : *Black Lives Matter* chez les Noirs incite à voter contre le « racisme », contre le « système », contre la « police », contre quiconque prétendrait incarner l'ordre[209], *La Raza* se conduit de manière identique chez les Hispaniques[210]. Aucune organisation du même type n'existe chez les Asiatiques, mais les Asiatiques votent néanmoins comme les autres minorités. Parce qu'ils appartiennent à une minorité qui autrefois a été l'objet de discrimination, et quand bien même toute discrimination à leur égard n'est plus qu'un lointain souvenir, quand bien même nombre d'entre eux ont connu une remarquable réussite, les Juifs votent eux aussi comme une minorité[211]. Les Noirs représentent douze pour cent de la population, les Hispaniques seize pour cent, les Asiatiques un peu moins de cinq pour cent. Les Blancs non hispaniques représentent soixante-trois pour cent de la population. Les trois pour cent manquant dans le total relèvent de catégories très

208 Sur ces sujets, cf. Charles Murray, *Coming Apart: The State of White America, 1960-2010*, Crown Forum, 2012.

209 www.nationalreview.com/article/423602/black-lives-matter-murder-crime-rate

210 archive.frontpagemag.com/readArticle.aspx?ARTID=27038

211 Norman Podhoretz, *Why Are Jews Liberals?*, Doubleday, 2009.

minoritaires tels les *Native Americans*. La proportion de Blancs non hispaniques au sein de la population décroit, recensement après recensement[212].

Les idées issues de la contre-culture des années soixante du vingtième siècle sont aujourd'hui partout ou presque, grâce au travail d'infiltration mené depuis cinq décennies, semblables à l'air qu'on respire. Elles imprègnent les grands médias, mais aussi la quasi intégralité du secteur des arts, de la culture et de l'enseignement, les actions menées par des organisations non-gouvernementales ou les opérations de communication menées par les entreprises elles-mêmes. Elles sont, dans l'ensemble, assez nettement anticapitalistes, parfois résolument pro-socialistes, montrent un penchant écologiste, multiculturel, « anti-impérialiste », anti-occidental. Elles voient dans l'affaiblissement de la puissance des États-Unis au sein de leurs propres frontières comme à l'extérieur de celles-ci une dimension très positive[213].

Le vote démocrate apparaît, en ces conditions, comme un vote logique à un ensemble de gens très disparate où se côtoient multimillionnaires et indigents vivant d'assistances, Noirs et Hispaniques, Asiatiques et Juifs, journalistes et artistes, étudiants et enseignants, militants de diverses causes, professionnels de la communication.

Vient s'ajouter l'effet du système électoral américain[214].

Aux fins d'éviter qu'un plébiscite régional ne permette à un candidat issu d'une fraction géographique du pays de l'emporter contre l'avis des habitants d'autres fractions géographiques du pays, l'élection du Président se fait au suffrage universel indirect. Le nombre de voix se trouve tempéré par la représentativité. Quand un candidat emporte la majorité dans un État, il s'assure du vote de la totalité des grands électeurs de cet État. Le nombre des grands électeurs d'un État est, je l'ai noté, égal à la somme des Sénateurs et des Représentants de l'État concerné. Les sénateurs sont deux dans chaque État, mais le nombre de représentants étant proportionnel au nombre d'habitants de l'État, emporter la majorité dans des États très peuplés permet de s'assurer un nombre important de grands électeurs, même si c'est une faible majorité.

---

212 www.washingtonpost.com/news/wonk/wp/2015/01/23/watch-the-rapid-decline-of-white-america-over-three-decades/

213 archive.frontpagemag.com/readArticle.aspx?ARTID=12267. Cf. aussi Daniel J. Flynn, *A Conservative History of the American Left*, Crown Forum, 2008.

214 https://www.usa.gov/election

Les États très peuplés sont en général les États incluant une forte proportion de « pauvres » et de membres des minorités ethniques, donc des États où les démocrates sont majoritaires. En raison de vagues d'immigration, des États qui ne votaient pas démocrate il y a deux ou trois décennies sont désormais des États où les démocrates sont assurés de l'emporter, quel que soit le candidat : la Californie aujourd'hui, ainsi, n'est plus du tout la Californie des années 1980[215]. La Virginie, où existent des bases militaires importantes, ne votait pas du tout démocrate jusqu'à une période récente : les flux migratoires sont en train de faire basculer la Virginie dans une toute autre direction[216].

Les recensements sur lesquels est basé le nombre de représentants d'un État comptent, je l'ai souligné, la totalité de la population d'un État, immigrants illégaux compris, quand bien même ces derniers ne peuvent pas voter : un État ayant sur son sol beaucoup d'immigrants illégaux peut bénéficier de deux, parfois trois sièges de représentants supplémentaires, et donc d'autant de grands électeurs supplémentaires. Pendant les années Obama, des immigrants illégaux ont été installés dans le pays : en des endroits où leur présence était électoralement intéressante pour les Démocrates[217].

Dans les conditions actuelles, les Démocrates sont quasiment assurés d'obtenir deux cent quarante-sept grands électeurs. Il faut deux cent soixante-et-onze grands électeurs pour être élu, donc vingt-quatre de plus seulement. D'autres États que la Virginie sont ce qu'on appelle des *swing states*, des États où un équilibre des voix entre démocrates et républicains existe et où les élections se jouent à quelques milliers, parfois à quelques centaines de voix près. Les *swing states* en 2016, outre la Virginie (onze grands électeurs), l'Ohio (dix-huit grands électeurs), la Floride (vingt-neuf grands électeurs), comprennent trois États venus s'ajouter à la liste : le Nevada (six), le Colorado (neuf), l'Iowa (six). Il suffit aux démocrates d'emporter la Floride, ou la Virginie et l'Ohio, ou le Nevada, le Colorado et l'Iowa, pour gagner la présidence. Dès lors qu'il suffit parfois de très peu pour qu'un *swing state* bascule dans une direction, il suffit que ce très peu survienne ou soit ajouté pour que les dés soient jetés[218].

---

215 Victor Davis Hanson, *Mexifornia: A State of Becoming*, Encounter Books, 2003.

216 www.breitbart.com/big-government/2015/07/26/new-california-mass-immigration-turning-virginia-blue/

217 blogs.wsj.com/numbers/the-pitfalls-of-counting-illegal-immigrants-937/

218 hotair.com/archives/2015/05/06/depressing-reminder-the-2016-election-will-be-decided-by-seven-states-and-florida-is-an-absolute-must-win/

Vient s'ajouter aussi, et c'est l'un des effets des idées de la contre-culture disséminées, un délitement, chez nombre d'électeurs démocrates, des valeurs éthiques qui ont si longtemps marqué la société américaine : le temps où un candidat démocrate qui avait menti, tel Gary Hart en 1988[219], se trouvait éliminé très vite de la compétition semble révolu. Le temps où Bill Clinton avait dû s'expliquer en public pour avoir commis un parjure lors de l'affaire Monica Lewinsky appartient au passé. Barack Obama a commis des mensonges et des parjures innombrables au cours de sa présidence sans subir la moindre conséquence. Hillary Clinton a déjà à son actif un nombre impressionnant de mensonges et de parjures[220]. Les activités de la Fondation Clinton ont un fort parfum de corruption[221]. Hillary Clinton est considérée, montrent les sondages, comme ne disant que très rarement la vérité[222]. Tout cela n'a pas nui de manière profonde et indélébile à sa candidature, quand bien même cela a fortement contribué à l'attrait exercé par Bernie Sanders, apparemment non corrompu, et non corruptible[223]. Ce qui pourrait, vraiment, nuire à sa candidature serait une convocation par un juge, une mise en examen, un procès et la prison, mais Obama agira sans doute pour que nulle convocation d'un juge ne soit émise. Bien que les éléments à charge assemblés par le FBI dans le seul dossier du serveur internet soient très lourds, il est vraisemblable qu'aucune poursuite ne sera engagée contre elle, ai-je écrit[224].

Les électeurs républicains attachant plus d'importance aux valeurs éthiques, un candidat républicain ne pourrait se permettre ce que se permet un candidat (une candidate) démocrate. Si Bill Clinton avait été républicain, il aurait dû démissionner prématurément. Si Obama avait été républicain, il aurait été « empêché » depuis longtemps. Si Hillary Clinton était républicaine,

---

219 www.rollingstone.com/politics/news/the-fall-and-rise-and-fall-of-gary-hart-19880324

220 www.thepoliticalinsider.com/t-day-evergreen-7-wildest-lies-hillary-clinton/; www.frontpagemag.com/fpm/260496/hillarys-libyan-lies-muslim-brotherhood-terror-and-daniel-greenfield; www.wnd.com/2016/02/hillary-caught-in-email-lie-on-campaign-trail/.

221 Peter Schweizer, *Clinton Cash : The Untold Story of How and Why Foreign Governments and Businesses Helped Make Bill and Hillary Rich*, Harper, 2015.

222 www.nydailynews.com/news/politics/voters-label-clinton-dishonest-liar-poll-article-1.2541726

223 thehill.com/blogs/pundits-blog/presidential-campaign/247140-sanderss-integrity-and-honesty-worth-more-than

224 www.breitbart.com/2016-presidential-race/2016/04/12/obama-comments-hillary-clinton-emails-bias/; www.washingtontimes.com/news/2016/apr/10/obama-says-hillary-clinton-emails-did-not-endanger/.

elle serait en prison, depuis des mois. Si Obama respectait la Constitution, il ne serait plus Président, et Hillary Clinton ne serait pas candidate.

Vient s'ajouter, enfin, l'existence d'une catégorie appelée aux États-Unis les *low information voters*, les électeurs à faible taux d'information[225]. Avant la prolifération des médias électroniques et du nombre de chaînes de télévision, les électeurs étaient moins influencés par des critères sans la moindre relation avec la qualité intrinsèque d'un candidat : Obama a délaissé dès sa campagne de 2008 les émissions d'information et s'est tourné vers les émissions musicales et sportives, et vers celles animées par les humoristes de deuxième partie de soirée, nombre d'électeurs, au moment des élections, savaient tout de ses groupes de rap préférés et de ses sports favoris, mais rien de son programme politique. John McCain, et, quatre années plus tard, Mitt Romney ne connaissaient pas le rap et s'intéressaient peu au basket ou au baseball.

Nombre de jeunes de moins de vingt-cinq ans appartiennent à la catégorie des *low information voters*. Hillary Clinton s'efforce de s'intéresser au rap, au basket, au baseball. Elle fréquente les émissions animées par des humoristes de deuxième partie de soirée. Elle a même tenté de montrer qu'elle savait danser, prendre l'accent des quartiers noirs du Sud pour parler de *fried chicken*, aboyer[226].

Vient s'ajouter, et c'est un facteur qui compte, le déclin du parti républicain.

Quand bien même on y évoque le souvenir de Ronald Reagan, ceux qui votent républicain retrouvent fort peu de ce qu'a incarné Ronald Reagan dans le parti républicain tel qu'il est aujourd'hui.

Le grand mouvement de révolte contre les décisions prises par Barack Obama et contre les dangers que celui-ci incarnait, les *tea parties* de 2009 et 2010, s'est éteint doucement, harcelé par les services fiscaux que Barack Obama a mis très sélectivement aux trousses de ses dirigeants[227], marginalisé

---

225 thehill.com/blogs/congress-blog/presidential-campaign/268953-gop-ignores-low-information-voters-at-their-peril

226 www.washingtonexaminer.com/clintons-southern-strategy-hillary-fakes-accent-for-crowd/article/2574357; dailycaller.com/2016/02/15/hillary-barks-during-speech-while-talking-about-republicans-video/

227 Cf. www.huffingtonpost.com/news/irs-tea-party-scandal/. Voir aussi Ben Shapiro, *The People Vs. Barack Obama : The Criminal Case Against the Obama Administration*, Threshold Editions, 2015.

par l'appareil républicain qui, en 2012, avait sélectionné un candidat, et un seul, et s'était donné au fil des élections primaires, les moyens d'éliminer un à un ses concurrents, au nom d'une stratégie qui sous-entendait que l'unique chance pour les Républicains de revenir au pouvoir était de se rapprocher des positions démocrates et de chercher à attirer une part de l'électorat qui vote démocrate. Ce candidat, Mitt Romney, n'a pas galvanisé les foules, et n'a pas paru incarner une alternative viable.

Bien que les Républicains aient, depuis 2010, la majorité à la Chambre des Représentants, et depuis 2014, la majorité à la Chambre des Représentants et au Sénat, ils n'ont pas paru avoir assez de conviction ou de détermination pour jouer vraiment leur rôle de pouvoir législatif, et surveiller et contrebalancer un détenteur du pouvoir exécutif aux propensions autoritaires.

Les électeurs républicains n'ont cessé, depuis la fin de la présidence de George Walker Bush, d'être déçus par le parti pour lequel ils étaient censés voter. Ils se sont largement démobilisés. Le conservatisme américain a semblé avoir perdu la partie.

Ce qui fait que la possibilité d'une tentative de redressement est mince, mais pas nulle, est un ensemble de points très spécifiques, et, plus globalement, l'effet du pessimisme qui règne dans la société américaine.

Même si elle n'est entrée en vigueur que partiellement pour l'heure, la réforme du système de santé constituée par *l'Affordable Care Act*, n'en a pas moins déjà des effets concrets douloureux pour une part de ceux qui votent en général démocrate. Obama avait promis que le système qui se met en place coûterait moins cher et offrirait une meilleure couverture que le système jusque-là en vigueur : des millions de gens ont dû découvrir que le système qui se met en place coûte beaucoup plus cher, et offre une bien moins bonne couverture[228]. La réforme a fait que des gens qui avaient un emploi ont été licenciés ou ont vu leur emploi à plein temps se transformer en emploi à temps partiel[229]. Obama laisse l'impression de ne pas avoir respecté sa parole dans un secteur par rapport auquel il avait beaucoup promis.

228 www.bloombergview.com/articles/2015-02-11/yep-obamacare-costs-a-fortune ; www.investors.com/politics/editorials/obamacare-will-cost-136-bill-more-cover-less-than-we-thought-cbo-says/

229 www.forbes.com/sites/dandiamond/2015/01/13/obamacares-impact-companies-cut-hours-for-part-time-workers/#16b2c2d94ab6

Des moments de violence particulièrement intenses, tels les émeutes de Ferguson ou de Baltimore, ont laissé derrière eux des destructions, des quartiers entiers sans commerces de proximité, et la faiblesse des réactions de l'administration Obama a laissé à ceux qui vivent dans les quartiers concernés ou à leur proximité le sentiment que le désordre pouvait s'installer impunément et menacer leur existence[230].

Quand bien même ceux qui votent démocrate sont, pour la plupart, indifférents à l'affaiblissement international des États-Unis, ils n'apprécient pas nécessairement de voir les États-Unis humiliés sur la scène internationale, surtout lorsque l'humiliation est flagrante et touche directement celui à qui ils ont apporté leurs suffrages : or plusieurs fois, les États-Unis ont été humiliés de manière flagrante, et Obama a été personnellement humilié. Par Hassan Rouhani. Par Vladimir Poutine[231].

Bien que démobilisés, ceux qui sont censés voter républicain sont aussi inquiets, très inquiets, consternés par les ravages infligés à leur pays et au monde par Obama, imprégnés de la certitude que l'élection de 2016 est peut-être l'ultime chance de sauver ce qui peut encore l'être.

La révolte qui imprégnait nombre d'entre eux en 2009 et 2010 semblait éteinte : elle est, en réalité, intacte. Elle est, même, devenue colère.

Parce qu'ils n'ont aucune confiance dans le parti républicain tel qu'il est, ils se sont détournés du candidat choisi par l'*establishment* républicain : Jeb Bush, plus proche de George Herbert Walker (Bush 41, selon l'expression consacrée aux États-Unis) que de George Walker (Bush 43)[232]. Ils ont signifié aussi qu'ils ne voulaient d'aucun autre candidat issu de l'*establishment* républicain, et, au bout de quelques semaines, un seul politicien professionnel ré-

---

230 time.com/money/3145128/ferguson-riots-recovery-economic-impact-unrest/ ; www.economist.com/news/united-states/21650158-angry-youths-burn-their-own-neighbourhood-why-rioting-makes-things-worse.

231 www.frontpagemag.com/point/214921/iranian-president-boasts-humiliating-obama-daniel-greenfield ; foreignpolicy.com/2016/04/01/situation-report-consequences-of-russia-skipping-nuke-summit-in-washington-turkish-presidents-thugs-beat-up-journalists-at-d-c-think-tank-norks-jam-radars-qatar-on-spending-spree-and-lo/

232 www.washingtonpost.com/politics/why-do-so-many-republicans-dislike-jeb-bush/2016/01/16/6153d400-baf2-11e5-99f3-184bc379b12d_story.html

publicain est resté en lice, sans espoir de l'emporter, le gouverneur de l'Ohio, John Kasich[233].

Ils se sont tournés tout au long des élections primaires vers des candidats qui n'étaient pas des politiciens de profession : Carly Fiorina, une femme qui a dirigé l'une des très grandes entreprises du pays, Hewlett Packard, Ben Carson, un grand neurochirurgien imprégné de valeurs chrétiennes, Donald Trump, milliardaire du secteur de l'immobilier.

Ils se sont tournés, en nombre, vers Marco Rubio, devenu Sénateur républicain de Floride, en 2010, avec l'appui des *tea parties*, et vers Ted Cruz, devenu Sénateur républicain du Texas deux années plus tard, en 2012, grâce à l'appui des *tea parties* lui aussi.

Ils se sont vite détournés de Carly Fiorina, un peu plus tard de Ben Carson, non qu'ils aient l'un et l'autre démérités, mais qu'ils ont semblé ne pas avoir tout à fait en eux l'étoffe dont on fait un Président.

Ils ont placé Marco Rubio haut sur le podium, parce qu'il a trouvé des accents qui ont fait espérer qu'il incarnait un renouvellement, mais ils ne l'ont pas placé tout en haut du podium, parce qu'il s'est rapproché, au Sénat, de positions démocrates en matière d'immigration, parce qu'il est révélé, parfois, trop peu solide pour résister aux attaques, et parce qu'au fil de la campagne, il est apparu comme prêt à se montrer conciliant avec l'*establishment* républicain, puis candidat de rechange de l'*establishment*, qui s'est tourné vers lui quand Jeb Bush est apparu ne pas être un candidat viable[234].

Ils ont placé Ted Cruz plus haut encore, parce qu'il a su, sur tous les dossiers, trouver des accents effectivement reaganiens, parce que ces accents relevaient de convictions conservatrices solidement ancrées, parce qu'il ne s'est, lui, jamais montré conciliant avec l'*establishment* républicain, quand bien même l'*establishment* républicain a fini, en désespoir de cause, par se tourner vers lui quand Marco Rubio à son tour s'est effondré[235].

---

233 blogs.wsj.com/washwire/2016/04/01/john-kasichs-case-for-staying-in-the-gop-2016-race/

234 www.vox.com/2016/3/15/11242326/marco-rubio-drop-out

235 www.politico.com/story/2016/03/gop-establishment-starts-to-accept-ted-cruz-220474

Ils ont majoritairement choisi Donald Trump, et ils l'ont fait avec constance, car Donald Trump s'est installé en tête des sondages dès qu'il a annoncé sa candidature, et ils ont ignoré le discours des commentateurs proches de l'*establishment* républicain, qui n'ont cessé de dire que Donald Trump n'était pas un candidat sérieux et qui, souvent, l'ont attaqué avec une férocité condescendante[236].

Ils ont majoritairement choisi Donald Trump parce que c'est un entrepreneur qui a réussi, parce qu'il est très riche, ce qui le place à leurs yeux au-dessus de tout risque qu'il soit acheté par quiconque, parce qu'il tient un discours net, tranché, politiquement incorrect, parce que c'est un homme à poigne, parce qu'il a osé dire sans circonlocution que les États-Unis se portent mal, et parce qu'il n'a cessé d'affirmer qu'un redressement d'ensemble s'impose d'urgence.

Ils ont majoritairement choisi Donald Trump, en dépit des propos disséminés ici ou là qui n'ont cessé de répéter qu'il se contentait de tracer des perspectives générales, sans entrer dans les détails : ils ont approuvé les perspectives générales, et n'ont pas ignoré que les détails peuvent être pris en charge par des collaborateurs compétents, or Donald Trump a montré toute sa vie qu'il savait s'entourer de collaborateurs compétents et disposait d'un ingrédient indispensable, le sens du *leadership*.

Ils l'ont majoritairement choisi parce qu'il n'est pas strictement conservateur (il s'est défini comme un *common sense conservative*, conservateur de sens commun[237]), parce qu'il a un passé démocrate, et parce qu'il est apparu susceptible d'attirer au-delà des Républicains et de l'électorat conservateur.

Ils l'ont majoritairement choisi parce qu'il a donné le ton à toute la campagne républicaine[238], mis en avant sans timidité les sujets qui fâchent les journalistes des grands médias et les conseillers en communication.

Ils l'ont majoritairement choisi en dépit de phrases prononcées par lui, qu'ils ont pu parfois désapprouver : et ils ont continué à le choisir malgré

236 www.foxnews.com/politics/2016/02/24/collision-course-what-will-conservative-pundits-do-if-gop-nominates-trump.html

237 edition.cnn.com/2016/02/16/politics/donald-trump-commonsense-conservative/

238 www.donaldjtrump.com/positions

ces phrases, parce qu'il leur a paru être porteur de quelque chose de plus essentiel.

Ils l'ont majoritairement choisi contre le Parti républicain, contre l'*establishment*, dans une volonté de bousculer les règles et de renverser la table.

Ils l'ont majoritairement choisi en voyant très nettement que l'*establishment* républicain ne voulait pas du tout de lui.

Ils savent que Donald Trump ne sera pas à même de faire des miracles et ils n'en attendent pas de miracles, mais ils pensent que, si l'opportunité lui est donnée, il agira, sans reculer. Ils veulent un homme de cette trempe.

Ils savent que Donald Trump aime son pays et veut qu'il retrouve sa grandeur et sa puissance, et ils veulent, par-dessus tout, après les années Obama, que le pays retrouve sa grandeur et sa puissance.

Donald Trump, lui, sait que les choses seront difficiles, très difficiles, oui.

Les choses sont d'ores et déjà difficiles.

Il sait qu'il lui faudra de la détermination, du courage et de l'opiniâtreté, oui. Il assume et il a confiance en lui-même.

Il sait qu'il devra résister à la tempête.

Il sait qu'il y a d'ores et déjà de la tempête.

Il sait que le parti et l'*establishment* républicains ne l'accepteront jamais vraiment, et ne se résigneront à ce qu'il soit candidat que s'il n'y a plus d'autre possibilité, et après avoir tout tenté pour l'arrêter.

Il sait que le parti et l'*establishment* républicains, après avoir tout fait pour l'empêcher d'avoir une majorité absolue de délégués à la convention, et pour obtenir une *brokered convention,* une convention « négociée » basée sur des arrangements de couloir, ne se rassembleront derrière lui, s'ils le font, qu'en apparence[239].

Il sait que certains membres de l'*establishment* républicain ont envisagé de soutenir le candidat (la candidate) démocrate plutôt que lui, et lui vouent une détestation si intense qu'ils préféreraient à sa victoire celle du candidat (de la candidate) démocrate[240].

Il sait que, pour l'*establishment* républicain, il incarne un tremblement de terre dont, dans tous les cas de figure, ses membres ne sortiront pas intacts, et il sait qu'ils entendent le faire payer très cher pour le tremblement de terre et le faire tomber. Quel que soit le moyen d'y parvenir. Quelles que soient les conséquences.

Il sait qu'il doit affronter un agrégat d'hostilités qui ne se limite pas à l'*establishment* républicain, et inclut démocrates et journalistes des grands médias, gauchistes véhéments, toute la gauche, tous les bénéficiaires du *corporate welfare*, qui sont désormais dans tous les secteurs.

Il sait que s'il parvient à la présidence, malgré tout, et envers et contre tout, ce ne sera que le commencement, tant l'agrégat d'hostilités persistera dans sa hargne, et tant les dégâts résultant des années Obama sont incommensurables.

Il a annoncé ce que seraient ses priorités[241] : remédier à l'immigration illégale et mettre fin à l'existence des « villes sanctuaires », redynamiser les entreprises et la création d'emplois par une baisse des impôts et une déréglementation, rétablir l'ordre et la sécurité en mettant fin à la dévalorisation des forces de police, remplacer *l'Affordable Care Act* par une loi permettant une pleine ouverture à la concurrence entre assureurs sur tout le territoire, refaire de la justice une justice impartiale et efficace, digne des États-Unis.

---

239 www.washingtontimes.com/news/2016/feb/28/donald-trumps-dominance-leaves-republican-establis/?page=all ; www.theblaze.com/stories/2016/03/28/they-are-in-a-panic-breaking-down-a-brokered-convention-and-what-it-means-for-establishment-republicans/

240 thehill.com/blogs/ballot-box/261227-gop-donors-wrestle-with-possibility-of-trump-nomination ; www.bloombergview.com/articles/2016-02-29/the-die-hard-republicans-who-say-nevertrump

241 www.frontpagemag.com/fpm/261200/donald-trump-and-american-future-david-horowitz

Il sait qu'il devra rebâtir l'armée, et, à l'échelle internationale, reconstruire la crédibilité des États-Unis, obtenir que le pays soit à nouveau respecté, renégocier ou abroger divers accords néfastes hérités de son prédécesseur, recréer un réseau d'alliés, rebâtir ce qui a été démoli dans les relations avec de multiples pays, constater qu'une partie de ce qui a été démoli ne sera jamais rebâti, mais aussi agir vite sur certains points : contre l'État Islamique et l'Islam radical, contre le régime iranien, aux fins de limiter les dégâts en cours de concrétisation, contre la Chine aux fins de l'endiguer.

Il sait qu'il lui faudra agir, malgré la lassitude et le désenchantement, et agir efficacement, sans s'engager dans des opérations longues, coûteuses, et que le peuple américain n'est plus prêt à accepter aujourd'hui. Il sait qu'il ne peut affronter à la fois tous ceux qui érodent les positions américaines sur la terre en un seul instant, ce qui le conduit à un discours de non-agression vis-à-vis de la Russie, discours qui ne signifie aucunement approbation d'ensemble[242].

Il sait qu'il avancera dans un champ de mines et en terrain miné, de tous côtés.

Il sait qu'il avance d'ores et déjà dans un champ de mines et en terrain miné.

Il sait que ses ennemis sont à l'affut, prêts à mordre, au sein des États-Unis, mais aussi à l'extérieur des États-Unis.

Il sait aussi qu'il rassemble. Au-delà des clivages politiques établis[243].

Les foules qui se pressent autour de lui depuis des mois sont immenses[244].

On y trouve des électeurs républicains et conservateurs qui se sont abstenus lors des précédents scrutins, et des électeurs républicains et conserva-

---

242 Cf. sur le sujet l'analyse des conseillers de Trump : www.breitbart.com/big-government/2016/04/15/trump-advisers-donald-trumps-vision-middle-east-winwin-america-allies/. Voir aussi l'analyse russe : www.russia-direct.org/analysis/making-sense-strange-relationship-between-putin-and-trump

243 www.realclearpolitics.com/2016/02/24/trump039s_secret_weapon_inclusiveness_376962.html

244 www.twcnews.com/nys/rochester/news/2016/04/10/trump-rally-reaches-capacity--turns-away-crowds.html ; www.wfsb.com/story/31732416/crowds-lining-up-in-hartford-for-trump-event.

teurs déçus de leur parti et du conservatisme que prétendent incarner les commentateurs proches de l'*establishment* républicain, des anciens des *tea parties* excédés de ce qui est arrivé aux *tea parties* et des démocrates désabusés par les années Obama, des membres de la classe moyenne glissant vers la pauvreté et des employés d'entreprises petites et moyennes qui ferment sous Obama, des anciens combattants et militaires qui se sentent floués, trahis, et pensent désormais que nombre de leurs compagnons d'armes sont morts en vain, des gens tombés dans la pauvreté mais refusant de vivre seulement d'allocations, des membres de la majorité blanche non hispaniques qui discernent que des États-Unis où les minorités assemblées constitueraient une majorité de la population pourraient ne plus être les États-Unis et ne plus incarner ce que fut si longtemps le rêve américain, des Chrétiens évangéliques excédés par les attaques menées contre le Christianisme par Obama, des Hispaniques entreprenants, des Noirs très éloignés de *Black Lives Matter*, des gens qui ne se sont jamais intéressés à la chose publique et s'y intéressent cette fois, parce que c'est Trump, qu'il est connu, passe souvent à la télévision, et peut dès lors transcender le désintérêt[245].

Trump sait qu'il incarne désormais une lame de fond sans précédent depuis longtemps, et qu'il ne s'attendait sans doute pas lui-même à incarner.

Il sait qu'il est le vecteur désormais d'une coalition inédite, si inattendue qu'il en prend lui-même à peine la mesure, et que la plupart des observateurs ne parviennent pas à déchiffrer, ce qui les mène à la décrire avec myopie.

Cette coalition est présentée, souvent, comme porteuse de velléités « protectionnistes » : elle ne l'est pas, ou pas exactement. Ceux qui la constituent considèrent tout juste, montrent les études d'opinion, que les États-Unis ne défendent pas leurs intérêts face à d'autres pays qui, eux, défendent leurs intérêts et faussent les règles du libre-échange avec la complicité d'un Président qui n'a pas semblé avoir à cœur les intérêts des États-Unis et du peuple américain. Ils veulent le libre-échange, dans le cadre de règles claires, respectables, respectées[246].

---

245 www.washingtonpost.com/news/early-lead/wp/2016/02/25/in-iowa-fans-chant-trump-trump-at-racially-diverse-high-school-basketball-team/; www.whas11.com/news/politics/trumps-appearance-draws-large-diverse-crowd/63174941

246 www.breitbart.com/2016-presidential-race/2015/09/27/donald-trump-america-needs-fair-trade-not-free-trade/

Cette coalition est présentée comme « isolationniste » : elle ne l'est pas non plus. Ceux qui en font partie ne veulent simplement pas, montrent encore les études d'opinion, que les États-Unis s'engagent dans des guerres qu'un Président décide d'achever en y « mettant fin », et en laissant derrière lui des milliers de soldats morts en vain. Mais ils veulent une armée forte et à même d'agir. Ils ne veulent pas payer indéfiniment pour la défense de pays ingrats, mais acceptent de défendre des alliés dignes du nom d'alliés[247].

Cette coalition est présentée comme « nationaliste ». Elle l'est, mais au sens que le mot « nationalisme » a aux États-Unis, et ce mot a, aux États-Unis, un sens particulier[248]. Ceux qui composent la coalition, montrent les études d'opinion, toujours, tiennent à ce que les États-Unis restent l'incarnation du « monde libre », et la « lumière qui brille sur la colline ».

Cette coalition est présentée comme « populiste ». Elle l'est peut-être. Ceux qui s'y retrouvent sont souvent des gens du peuple, assez peu des gens des couches supérieures de la société. Les gens du peuple concernés sont dédaignés et méprisés par les gens des couches supérieures de la société : c'est ce qu'indique l'adjectif « populiste », porteur du dédain et du mépris de certaines gens vis-à-vis des gens du peuple[249].

Cette coalition est résolument hostile aux compromissions, aux tiédeurs et aux demi-vérités qui émanent si souvent des couches supérieures de la société.

Bien que très riche, Donald Trump ne parle pas et n'a jamais parlé comme on parle parmi les très riches et dans les cénacles de Washington, D.C. Il parle avec des accents de vérité et des intonations venues des quartiers populaires de New York, Queens, Brooklyn. Les gens du peuple écoutent et entendent quelqu'un qui parle comme des gens de leur condition. Les très riches, les membres des cénacles de Washington, D.C., ressentent qu'un homme de ce genre n'a pas sa place parmi eux et font la moue. L'attitude de l'*establishment* républicain est assez exactement celle des membres des cénacles de Washington, D.C.

---

247 www.theamericanconservative.com/larison/no-trump-isnt-an-isolationist/

248 nationalinterest.org/feature/donald-trump-american-nationalist-14237

249 www.slate.com/articles/news_and_politics/interrogation/2016/02/is_donald_trump_a_populist.html

Donald Trump a en lui du narcissisme, et une volonté d'avoir le pouvoir politique, mais il a aussi en lui la conscience que s'il parvient à avoir le pouvoir politique, il devra réussir. Impérativement. Il a en lui de l'orgueil, mais aussi l'humilité de celui qui sait que son orgueil serait blessé à mort s'il n'était pas à la hauteur de la tâche qu'il se fixe. Il a mené une vie de milliardaire et fait des affaires, parfois il a déposé le bilan d'entreprises[250], mais il n'a pas dans son passé ce qui pourrait traîner sa principale adversaire devant un procureur spécial.

Il discerne, à l'évidence, que s'il parvient à la fonction suprême, ses responsabilités seront immenses, et qu'en cas d'échec, son nom restera inscrit dans l'histoire sur une page sombre, très sombre, plus sombre que la page sur laquelle s'écrit aujourd'hui le nom de Barack Obama, car il aura, lui, Donald Trump, incarné la rédemption qui semblait impossible, qui est soudain devenue possible et pensable, et qui n'a pas eu lieu, donc l'inverse absolu de l'espoir, une sorte de révolution trahie.

Il discerne que ce dont il est le vecteur est désormais infiniment plus vaste que lui-même.

Il discerne que, contre toute attente, il peut, malgré tout, et envers et contre tout, désormais gagner, et faire mentir tous les pronostics, car un nombre très impressionnant d'électeurs s'est mobilisé, et des États qui votent démocrate, parfois depuis longtemps, peuvent basculer[251].

Il discerne aussi qu'il peut être battu.

Dès la convention du parti. Si l'*establishment* républicain laisse transparaitre ses rancœurs et si ceux qui ont dit « jamais Trump » persistent jusqu'à faire que des électeurs les suivent et renoncent à voter plutôt que voter Trump[252].

---

250 www.legalzoom.com/articles/how-does-trump-repeatedly-file-for-bankruptcy-and-still-stay-on-top

251 www.usatoday.com/story/news/2016/03/16/voters-again-turned-out-droves-tuesday-primaries-especially-gop/81815404/; www.texastribune.org/2016/03/01/presidential-race-fuels-large-texas-primary-turnou/; www.zerohedge.com/news/2016-03-20/can-trump-win-general-election-goldman-answers-all-your-election-questions

252 http://thehill.com/blogs/ballot-box/presidential-races/278613-stop-trump-group-insists-it-will-keep-fighting

Ultérieurement, au moment de l'élection, si l'agrégat d'hostilités déchaîné contre lui parvient à ses fins et assure la victoire de son adversaire.

Il discerne que, s'il est battu, ce ne sera pas seulement une défaite pour lui-même, mais aussi une défaite pour la lame de fond.

Il discerne ce qui se passera alors.

Hillary Clinton l'emportera, et cette victoire de Hillary Clinton sera très symbolique : une femme qui devrait être en prison sera Présidente.

Barack Obama l'emportera, surplombant la victoire de Hillary Clinton, et pourra considérer qu'il est cette fois vraiment et pleinement arrivé à toutes ses fins.

La Constitution des États-Unis ne sera plus qu'un chiffon de papier, et la Cour Suprême, pourvue d'un ou deux *justices* « progressistes » de plus, sera une institution vaine[253].

Le parti républicain sera un parti en lambeaux, et le conservatisme américain, déjà très érodé, sera durablement marginalisé[254].

Le *corporate welfare* régnera bien plus encore qu'à présent, et la corruption atteindra de nouveaux sommets. Les *cronies* d'Hillary viendront s'ajouter à ceux de Barack[255].

Le chômage de masse, la dépendance croissante d'assistés installés dans l'assistance par dizaines de millions, l'immigration telle qu'elle s'opère, l'endettement vertigineux, achèveront de conduire les États-Unis vers une ban-

253 www.wsj.com/articles/gop-realizes-risk-of-clinton-picking-a-supreme-court-nominee-1457642549; www.americanthinker.com/articles/2016/02/the_court_appointment_belongs_to_next_president.html

254 www.zerohedge.com/news/2016-04-09/devastating-news-republicans-poll-finds-denying-trump-nomination-would-crush-gop ; www.theatlantic.com/magazine/archive/2016/01/the-great-republican-revolt/419118/

255 www.zerohedge.com/news/2015-09-22/crony-capitalism-hillary-clinton. *Crony* est un mot qui désigne un ami. Le *crony capitalism* désigne le favoritisme accordé par des gens disposant du pouvoir politique à des entrepreneurs avec lesquels ils ont des relations proches. Les *cronies* signent plus aisément des contrats, et en échange, versant de l'argent pour la campagne électorale de ceux qui leur donnent les contrats à signer.

queroute qui sera quasiment impossible à dissimuler, quand bien même des riches et très riches seront plus riches, beaucoup plus riches encore.

Le monde se fera, comme c'est dès à présent très prévisible, plus turbulent, plus chaotique, plus violent qu'il ne l'est déjà. Les noms, Russie, Iran, Chine monteront davantage sur l'horizon.

Une possibilité de redressement d'ensemble deviendra impensable, pendant très longtemps.

C'en sera fini, pour des décennies sans doute, du statut et du rôle des États-Unis sur la scène planétaire.

Certains, au sein même des États-Unis, se réjouiront : ceux qui auront voté démocrate, bien sûr, l'*establishment* républicain, qui imaginera illusoirement s'être préservé et pouvoir être en ordre de bataille pour la prochaine échéance, quelques conservateurs purs et durs confits dans leur pureté, les adeptes de la contre-culture et, particulièrement, ceux de son aile la plus extrême. Les assistés installés dans l'assistance et ceux qui vivent du *corporate welfare*, ceux qui gagnent bien leur vie et votent pour que le gouvernement assiste davantage les assistés, quitte à ce que ceux-ci soient plus nombreux, se réjouiront aussi.

Nombre de gens sur la planète participeront aux réjouissances : les membres des gauches et des gauches extrêmes du monde occidental, ceux de nombre de mouvements de droite extrême ou de mouvements nationalistes considérant que leur nationalisme ne peut s'affirmer que sur la déchéance de l'Amérique, mille dictateurs, tyrans, fanatiques de diverse nocivité disséminés sur toute la planète.

Nombre d'Américains seront consternés. La colère qui les imprègne dès à présent ne disparaîtra pas, bien au contraire. Ils auront le sentiment d'un gâchis.

Nombre de gens sur la planète seront tout aussi consternés, en colère eux-mêmes, inquiets.

D'aucuns penseront alors qu'une page est tournée à tout jamais, et qu'une autre page pourra alors s'écrire, celle d'un monde au sein duquel les États-Unis appartiendront à jamais au révolu.

Ceux-là, je pense, se tromperont. Comme tant d'autres avant eux se sont trompés.

Ils oublient ce que tant d'autres avant eux ont oublié.

Les États-Unis d'Amérique sont un pays. Ils sont, surtout, un idéal.

Ils ont déjà traversé des moments très difficiles, plusieurs fois.

Ils ont connu des phases au cours desquelles l'idéal a semblé dilapidé à jamais. Plusieurs fois.

Ils se sont relevés. À chaque fois.

Les années Obama auront été un moment très difficile. Elles peuvent conduire, un temps, longtemps, à un après Obama qui ressemblerait encore à Obama.

Tant que des Américains garderont en eux l'idéal, l'idéal vivra.

Et des millions, des dizaines de millions d'Américains gardent en eux l'idéal.

Tant que l'idéal vivra, il s'affirmera, ressurgira, plus haut, plus fort.

Nul n'aurait imaginé, avant que les *tea parties* voient le jour, en 2009, qu'il aurait pu y avoir les *tea parties* et un tel élan de référence à la révolution américaine et à 1773, deux cent trente-six années après[256].

Les *tea parties* n'en ont pas moins vu le jour, sont devenues ce qu'elles sont devenues, et bien que conduites vers l'extinction, n'en sont pas moins restées, telle une braise sous la cendre.

---

256 Cf. sur le sujet Theda Skocpol, Vanessa Williamson, *The Tea Party and the Remaking of Republican Conservatism*, Oxford University Press, 2013. Les tea parties font référence à la Boston Tea Party, acte de révolte contre ce que les futurs Américains considéraient comme la tyrannie du gouvernement britannique, ce fut l'un des moments fondateurs de la Révolution américaine. Sur la Boston Tea Party, voir Benjamin L. Carp, *Defiance of the Patriots: The Boston Tea Party and the Making of America*, Yale University Prss, 2011.

Nul n'aurait imaginé, avant la lame de fond présente, qu'une lame de fond pourrait prendre forme et consistance[257].

Si la lame de fond est brisée, elle restera, telle une braise sous la cendre à son tour.

Tant que des Américains liront Thomas Jefferson, Abraham Lincoln, Ronald Reagan, la braise sera là.

Et des millions, des dizaines de millions d'Américains lisent Thomas Jefferson, Abraham Lincoln, Ronald Reagan.

Des millions d'Américains savent qu'être américain est bien plus qu'avoir la nationalité américaine.

Des millions d'Américains savent que sans l'idéal, les États-Unis n'ont plus aucune raison d'être et que l'idéal est la raison d'être des États-Unis.

Ils ont en eux, encore, toujours, l'esprit des Fils de la Liberté du 16 décembre 1773, l'esprit des insurgés qui n'étaient qu'une poignée après la proclamation du 4 juillet 1776.

Ils ont en eux et partout autour d'eux un héritage. Ils ne le laisseront pas se perdre.

Ils voient que l'héritage risque de se perdre.

Il leur restera à dire un peu plus fort ces mots souvent entendus aux États-Unis, *freedom is not free*, la liberté n'est pas gratuite.

Ils les répéteront quand les caisses bien plus que vides seront plus vides encore, quand des flammes aux allures de guerre civile monteront en quelques lieux qui ne seront pas nécessairement Baltimore ou Ferguson, quand des soldats américains quelque part, n'importe où, seront tués, humiliés, quand des tueries plus atroces que celles de Boston ou de San Bernardino se produiront.

---

257 Jeffrey Lord, *What America Needs: The Case for Trump*, Regnery, 2016 ; www.theatlantic.com/politics/archive/2016/03/trumps-revolution-from-within/473430/

Ils rappelleront pourquoi les États-Unis d'Amérique ont été, des décennies durant, identifiés à ce qu'on appelait le « monde libre »[258], et ils rappelleront ce qui était à perdre s'il n'y avait plus eu, alors, de « monde libre », et ce qui aurait pu s'emparer du monde sans le « monde libre ».

Ils rappelleront qu'il n'y a pas d'alternative, aujourd'hui encore, au « monde libre ».

La Russie ? L'Iran ? La Chine ?

Ils rappelleront qu'il y a eu et qu'il y a encore un ordre du monde, qui a reposé sur la puissance, puis sur l'hégémonie américaine, et que sans cet ordre, il n'y a pas un autre ordre de substitution, mais ce qui commence nettement à poindre : le désordre global et total, et, avec lui, les charniers.

La lame de fond n'est, à ce jour, pas brisée. Le redressement est possible.

Si la lame de fond devait être brisée, le redressement prendra du temps, beaucoup de temps. Il ne sera pas devenu impossible. L'idéal restera. La braise sera sous la cendre.

Les années Obama sont venues au bout de plusieurs décennies d'excoriation, menée par des gens qui n'avaient pas d'autre but que l'excoriation.

Elles ont été le triomphe de ces gens.

L'excoriation a produit la situation présente. Elle peut conduire à ce que le triomphe se prolonge et s'approfondisse.

Elle n'a aucune fécondité et aucun avenir.

Tôt ou tard, la braise surmontera la cendre.

Une lame de fond se formera que, cette fois, rien ni personne ne pourra arrêter.

---

258 Timothy Garton Arsh, *Free World : America, Europe, and the Surprising Future of the West*, Vintage, 2005.

Quel que soit le vainqueur le 8 novembre au soir, la braise sera là. Si l'excoriation est vaincue, elle sera vaincue, et avec elle le seront tous ceux qui l'ont fait être. Si elle gagne, elle n'aura pas vraiment gagné.

À terme, elle ne pourra jamais définitivement gagner.

Paris-Las Vegas-Paris
5 octobre 2015 - 5 mai 2016

Imprimé par ISIPRINT
15 rue Francis de Pressensé
93210 La Plaine Saint-Denis

Dépôt légal : Mai 2016
Imprimé en France